Lo que la gente está diciendo acerca de este libro

"Escucha Más Vende Más toma al lector por las solapas e insiste en ponerse en acción. El formato único hace que el libro de Kule sea simple, directo, fácil de absorber y aplicar. Los lectores en realidad venderán mejor, venderán con más facilidad y, tal vez como el mismo autor, llegarán a vender de manera artística".

— **Karen Nelson Bell, autora de best-sellers,** *Nothing Down for Women* (Nada para las Mujeres), y próximamente, *Saving America, How Ordinary People Are Creating Extraordinary Income Today (Salvando a América, Cómo la Gente Común Está Creando Ingresos Extraordinarios Hoy).*

***

"Ron Kule ha escrito, más bien esculpido, un libro sobre un tema— las ventas—que frecuentemente se considera que requiere de un gran esfuerzo. *Escucha Más Vende Más* no solo proporciona los *FUN*damentos (nota las primeras tres letras que significan en Inglés "diversión") de las ventas, sino que también los presenta en un formato fácil de comprender, fácil de aplicar y, debo agregar, *artístico*. Encontrará 'gemas de ventas' a través del libro que, como un todo, se 'deben tener' en el kit de ventas de cada vendedor".

— Arte Maren, entrenador conocido y cotizado internacionalmente por compañías corporativas y privadas y el autor de *The Natural Laws of Management: The Admin Scale (Las Leyes Naturales de la Gerencia: la escala administrativa)*

***

"*Escucha Más Vende Más* es un muy buen libro para las personas que están buscando desarrollar sus destrezas en el arte de vender".

— Patrick Valtin, Presidente/Director General, New Era Management International

***

"La diferencia entre los datos de este libro y otros libros de ventas es su simplicidad y aplicabilidad. ¡El libro de Kule elimina el 'esfuerzo' y esa pequeña sensación de pánico que puede darte al vender, donde sientes que tienes que decir todo lo correcto para cerrar a la persona que se encuentra frente a ti y asegurarte de que haga la compra ahora!"

— Kathy Sweigart, Consultora Personal

Escucha Más
Vende Más

RONALD JOSEPH KULE

Prólogo por

Arte Maren,

**Entrenador Corporativo
Internacional y Autor**

BETTEREASIERSELLINGTECHNOLOGY.COM

Escucha Más Vende Más
por
Ronald Joseph Kule

Publicado en los Estados Unidos de América por
CreateSpace Independent Publishing Platform

ISBN 978-0-9979311-0-5
ISBN 0-9979311-0-8

Material citado por L. Ron Hubbard: ©1976, 1979, 1989,
1990, 1991, 2001 por L. Ronald Hubbard Library.
Se reconoce con agradecimiento a la Biblioteca L. Ronald
Hubbard por permitirnos reproducir selecciones de
las obras protegidas bajo el derecho de autor de L. Ronald
Hubbard.
Número de autorización de emisión # 13091001 INT-SPN

Manufacturado en los Estados Unidos de América.

Traductor al español, León Levy
Editor de la edición de habla hispana, Mariany Vivas

DEDICATORIA

"Mi esposa, Sherry Kule, me animó a codificar y publicar los contenidos de este libro basado en mis 39 años de exitosa carrera en ventas y entrenamiento de ventas.

"La sabiduría de mis antiguos entrenadores, aprendices y gerentes de ventas ha resultado ser sumamente valiosa para mi investigación. Ustedes saben quiénes son.

"Un reconocimiento y saludo especial de gratitud va al espíritu de E. St. Elmo Lewis. En 1898, Lewis desarrolló y escribió un lema simple sobre la publicidad, 'atrae atención, mantén interés, crea deseo' y, posteriormente, agregó 'consigue acción'.

"Dirigida a las agencias de publicidad y sus ejecutivos, la 'fórmula,' de Lewis, como se conoció entonces, se propagó por la nación en los primeros años del siglo 20 antes de caer en desuso por la sobreexposición. Junto a otras contribuciones significativas de Lewis, este enfoque formulaico a la publicidad lo llevó de manera póstuma al Hall de la Fama de la Publicidad en 1951.

"Mi hijo, Jeremiah, y tu hijo, Justin, por favor comprendan que el amor de un padre nunca disminuye."

TABLA DE CONTENIDOS

* * *

PRÓLOGO

"Alguien que estaba buscando la sala de conciertos Carnegie Hall detuvo a un transeúnte en la calle. '¿Cómo llego a Carnegie Hall?', Preguntó.

"El transeúnte respondió, 'Práctica, práctica, práctica'. El transeúnte era obviamente un vendedor profesional.

"El libro y libro digital de entrenamiento de ventas de Ronald Joseph Kule, *Escucha Más Vende Más,* proporciona una verdadera esencia: factores claves que comprenden y desarrollan la habilidad para producir ventas de ganar-ganar. Los ingredientes clave del libro son los ejercicios de entrenamiento, inteligentes y amenos, que le permiten a cualquiera construir esa habilidad. Completar los ejercicios, bien concebidos, desarrollados por el autor, capacitarán a cualquiera para lograr mayor éxito en las ventas.

"Los ejercicios de entrenamiento de ventas están colocados y ajustados a un grado perfecto, que asegura que cada paso, aunque más y más complejo y sofisticado, sea, aun así, fácil de realizar. El valor de la intuición del autor en la utilización del silencio en el proceso de ventas no se puede sobre-estimar.

"La inclusión de la naturaleza vital y el descubrimiento de definir las palabras clave asociadas con las ventas es uno de los principales atributos del libro—uno que rara vez se presenta en los materiales de ventas y entrenamiento de ventas.

"*Escucha Más Vende Más* no solo nos proporciona los *FUN*damentos (observa las primeras tres letras, que significan DIVERSIÓN en Inglés) de las ventas, sino que también los proporciona en un formato fácil de comprender, fácil de aplicar, y, debo agregar, artístico. Encontrará 'gemas de ventas' a través del libro, las cuales, como un todo, 'deben ser parte' del kit de ventas de cada vendedor.

"Por último, si eres suficientemente afortunado de tener a Ronald Joseph Kule presentando un taller de entrenamiento de ventas en tu área, no dudes en participar. Su experiencia de entrenamiento es una que literalmente no puede darse el lujo de perder, porque las ventas perdidas que habría cerrado, de haber leído su libro y asistido a su entrenamiento, habría más que cubierto sus gastos."

— **Arte Maren, entrenador conocido y cotizado internacionalmente por compañías corporativas y privadas y el autor de *The Natural Laws of Management: The Admin Scale* (Las Leyes Naturales de la Gerencia: La Escala de Admin)**

PREÁMBULO

"Si *realmente* quiere saber qué hace a ciertos vendedores muy exitosos y a otros no, entonces es mejor leer y hacer los ejercicios de entrenamiento de ventas en el increíble libro de entrenamiento de ventas *de Ronald Joseph Kule, Escucha Más Vende Más*.

"Él le guiará a través de aquellos pasos básicos y muy claves que casi cualquier vendedor, sin importar cuan diestro, podría hacer aún mejor.

"Este no es solo un libro para aquellos que no saben nada acerca de las ventas o quienes están fracasando en las ventas—no, este es un libro que cualquiera que vende o que quiera vender puede usar para alcanzar su próximo nivel de competencia.

"Si se mantiene usando los prácticos ejercicios de entrenamiento de ventas desarrollados por el autor, un día alcanzará el nivel en el que pueda vender artísticamente; y eso significa que usted, sus prospectos y su negocio ganarán con mayor frecuencia y rapidez.

"El autor ha tomado el proceso de vender, que puede ser bastante complejo y el cual frecuentemente no se comprende en su totalidad, y lo ha convertido en algo simple de hacer. Esto es invalorable para cualquier negocio. Me quito el sombrero". — **Marten Runow, Presidente, Performia International**

NOTA: Los componentes individuales de este exclusivo enfoque pueden aparentar ser similares a otros métodos de ventas, pero cualquier similitud es involuntaria y accidental. Además, la manera *cómo* se entrena esta información—los pasos de entrenamiento específicos—es NUEVA.

MATERIALES QUE NECESITARÁ

Querrá un bolígrafo, varias hojas (o un bloc) de papel y al menos un buen diccionario que incluya las definiciones, orígenes, modismos y sinónimos de sus palabras. También, artículos físicos ***no relacionados con su trabajo*** se usarán como apoyo al hacer los ejercicios de entrenamiento de ventas—por ejemplo, un libro, un bolígrafo, una tarjeta de presentación, una botella, lo que sea que esté a la mano. Solo los últimos dos ejercicios de entrenamiento usan los productos y materiales reales que vendes profesionalmente.

***

SECCIÓN DE BONO ESPECIAL

En la primera página encontrará el Curso Básico de Entrenamiento de Ventas *Escucha Más Vende Más*, una serie en secuencia de acciones de entrenamiento dispuestas para ayudarle a obtener todos los beneficios posibles de su estudio. Al completar cada acción, se acreditará su finalización, reconociendo cada nueva destreza adquirida de su experiencia de entrenamiento en ventas. El contenido de este libro se sigue con más facilidad al acreditarse cada acción *mientras la completa* de acuerdo a las instrucciones del curso. Para obtener máximas ganancias, usa el curso en la secuencia de su guía de entrenamiento.

Al colocar sus iniciales y fecha en cada artículo finalizado en la medida que lo termina, podrá observar fácilmente su progreso hacia ser capaz de vender mejor, con más facilidad y artísticamente. Si tiene que estudiar este libro en varias sesiones, en lugar de todo de una vez, las acreditaciones del curso también le orientan sobre el punto dónde quedó.

Si deseara que el autor viniera a su compañía o grupo y entregara personalmente su aclamado taller de entrenamiento de ventas de un día, contacta a:

KuleBooks LLC

611 South Fort Harrison Avenue # 322

Clearwater, Florida 33756-5301

KuleBooksLLC@gmail.com

ESCUCHA MÁS VENDE MÁS

CURSO BÁSICO DE ENTRENAMIENTO DE VENTAS

KULEBOOKS LLC 12 Agosto 2013

Escrito y basado en el libro

ESCUCHA MÁS VENDE MÁS

Por

RONALD JOSEPH KULE

NOMBRE: _____

COMPAÑÍA: _____

FECHA DE INICIO: _____, 20_____

FECHA DE COMPLETACIÓN: _____, 20_____

Completar este curso básico de entrenamiento de ventas no requiere ningún estudio previo o conocimiento de cómo vender. El curso ofrece una base de entrenamiento de ventas y enfoque de ventas que le permite a las personas comprender no solo cómo vender, sino cómo vender mejor, con mayor facilidad, certeza y control. Los exclusivos ejercicios de entrenamiento de ventas desarrollados por el autor son ilimitados, lo que significa que pueden repetirse tanto como se desee para mejorar destrezas de ventas particulares.

PRERREQUISITO: No hay prerrequisitos para este entrenamiento.

MATERIALES: este curso y el texto relacionado, *Escucha Más Vende Más* por Ronald Joseph Kule; un buen diccionario, hojas de papel y bolígrafo/lápiz.

PROPÓSITO: El entrenamiento efectivo de personas que desean comprender y ser capaces de aplicar la teoría y el enfoque de ventas de *Escucha Más Vende Más* a las situaciones y oportunidades de ventas de la vida real.

PRODUCTO: El producto de alguien que hace este curso es una persona que comprende y puede aplicar los datos correctos y básicos de las ventas y el enfoque de ventas de *Escucha Más Vende Más*; alguien que sabe que puede presentarle, venderle y cerrar compradores potenciales.

CERTIFICADO: Al completar este curso puedes recibir el certificado de GRADUADO DEL CURSO BÁSICO *ESCUCHA MÁS VENDE MÁS*.

DURACIÓN PARA SU COMPLETACIÓN: Uno a dos días.

NOTA: Un *certificado de Graduado del Curso Básico Escucha Más Vende Más* es un prerrequisito para entrenarse en el curso de ventas *Escucha Más*

Vende Más Intermedio desarrollado por Ronald Joseph Kule.

SECCIÓN UNO: INTRODUCCIÓN Y CÓMO ESTUDIAR EL CURSO

(Lee lo siguiente en el libro y, al completar, coloca tus iniciales y fecha en cada terminación)

1.PREFACIO (*1)

_____ _____

2.ALGUNAS NOTAS ACERCA DE LAS PALABRAS (*7)

_____ _____

3.ACLARANDO LAS PALABRAS (*8)

_____ _____

4. CÓMO ACLARAR UNA PALABRA (*9)

_____ _____

SECCIÓN DOS: EL COMIENZO

MI PRIMER DÍA DE VENTA (*13)

_____ _____

2.ENSAYO: Escribe un ensayo corto sobre cuál es la lección más importante de este artículo.

_____ _____

SECCIÓN TRES: DEFINIENDO PALABRAS CLAVE DE VENTAS (*17) _____ _____

2. ACLARA: VENDER (*18)

_____ _____

3. ACLARA: VENTA (*21)

_____ _____

4. ACLARA: COMUNICACIÓN (*23)

_____ _____

5. LEE: ¿QUÉ ES EL ARTE?

(*27) _____ _____

6.DEMOSTRACIÓN: escribe tres ejemplos de arte y explica por qué consideras que cada uno es arte.

_____ _____

SECCIÓN CUATRO: CINCO PASOS PARA EL ÉXITO EN LAS VENTAS

1.LEE: PASO UNO: ¡MÍRAME! (*31)

_____ _____

2. ACLARA: ATENCIÓN

_____ _____

NOTA: Completa cada ejercicio de ventas tres veces como "vendedor" y "prospecto". (Cuando ejercites, hazlo como vendedor una vez; cambia, entrena a tu estudiante como "prospecto"; cambia otra vez – tres veces).

3.EJERCICIO DE ENTRENAMIENTO DE VENTAS 1 (*41)

_____   _____

_____   _____

_____   _____

4.EJERCICIO DE ENTRENAMIENTO DE VENTAS 1ª (*43)

_____   _____

_____   _____

_____   _____

5.LEE: PASO DOS: ¡CREANDO INTERÉS!

(*47) _____   _____

6. ACLARA: INTERÉS

_____   _____

7.EJERCICIO DE ENTRENAMIENTO DE VENTAS 2 (*55)

_____   _____

_____   _____

_____   _____

8.EJERCICIO DE ENTRENAMIENTO DE VENTAS 2ª (*59)

_____   _____

_____   _____

9. EJERCICIO DE ENTRENAMIENTO DE VENTAS 2B (*61)

_____   _____

_____   _____

_____   _____

10. LEE: ¡LE VENDÍ A UN TREN! (*65)

_____   _____

11. ENSAYO: Escribe por qué la persistencia es importante en las ventas.

_____   _____

12. LEE: PASO TRES: ¡HAZLOS ALCANCEN!

(*71) _____   _____

13. ACLARA: DESEO

_____   _____

14. ACLARA: BENEFICIO

_____   _____

15. ENSAYO: Escribe qué es lo que un comprador potencial realmente alcanza, incluye tres ejemplos.

_____   _____

16.EJERCICIO DE ENTRENAMIENTO DE
VENTAS 3 (*81)

_____ _____

_____ _____

_____ _____

17.EJERCICIO DE ENTRENAMIENTO DE
VENTAS 3ª (*83)

_____ _____

_____ _____

_____ _____

18.EJERCICIO DE ENTRENAMIENTO DE
VENTAS 3B (*87)

_____ _____

_____ _____

_____ _____

19. LEE: PASO CUATRO: ¡EL PUNTO IDEAL!

(*89)_____ _____

20.LEE: PASO CINCO: ¡CIERRALO! (*91)

_____ _____

21.ACLARA: CERRAR

_____ _____

22. ENSAYO: Escribe en tus propias palabras, qué
significa esto: "Los vendedores venden, pero los
compradores compran".

SECCIÓN CINCO: LA PREGUNTA DE CIERRE
REVELADA

1. LEE: LA DEFINICIÓN DE UN MILLÓN DE
DÓLARES (*95)

_____   _____

2.DEMOSTRACIÓN: ¿Qué sucede cuando se hace
una pregunta de cierre... y se responde?

_____   _____

3. LEE: LA PREGUNTA DE CIERRE (*103)

_____   _____

4. ACLARA: PREGUNTA DE CIERRE

_____   _____

5. ENSAYO: Por qué la definición de una
"pregunta de cierre" es efectiva, cuando se aplica
correctamente.

_____   _____

6. LEE: MÁS ACERCA DEL CIERRE (*105)

_____   _____

7.EJERCICIO DE ENTRENAMIENTO DE
VENTAS 4 (*111)

_____   _____

_____   _____

_____   _____

2. LEE: LA ÚLTIMA PALABRA (*127)

———————   ———————

¡Con cada entrada completamente certificada y
firmada, haz completado tu curso básico!

¡FELICITACIONES

PREFACIO

La habilidad para vender… ¿es un proceso aprendido o un derecho reservado al nacer para algunos pocos afortunados? ¿es vender *bien* un conjunto de destrezas difíciles de aprender, que son aún más difíciles de aplicar?

¿POR QUÉ algunas técnicas de ventas funcionan, y otras no? ¿POR QUÉ una técnica funcional, a veces, parece *no funcionar*?

¿CUÁL es el momento correcto para intentar cerrar una venta? ¿CUÁL es la manera correcta para cerrar una venta? ¿Es igual cada vez? ¿CÓMO puedo aprender a cerrar más ventas?

Estas preguntas se responden dentro de las páginas de este libro.

Vender con maestría requiere tener, saber y aplicar información correcta, funcional y fundamental acerca del tema. La práctica, el trabajo duro y la persistencia trae resultados estelares, pero, literalmente, cualquiera puede aprender a aplicar los básicos de cómo vender.

La mayoría de los libros de técnicas de ventas y cómo vender que se encuentran en las librerías y en los tramos de las bibliotecas impulsan sus métodos de ventas favoritos. Algunos son efectivos, algunos no; ninguno que el autor haya visto explica completamente el POR QUÉ.

El singular método de entrenamiento de este libro *subyace* a otros libros y métodos de cuatro maneras:

1. Al presentar al aprendiz una manera clara para comprender las palabras clave y conceptos (ideas) fundamentales asociados con las actividades del vender y las ventas;

2. Al presentar un enfoque de entrenamiento de ventas secuencial, el cual abarca información sobre cómo estudiar y cómo vender, aplicaciones prácticas, ensayos y demostraciones diseñadas para producir vendedores que saben y pueden aplicar lo que aprenden de este material;

3. Al *identificar* los ocho factores clave que cualquier vendedor debe aprender a crear con su prospecto para lograr una venta y presentando la manera para usarlos eficazmente;

4. Ofreciendo *ejercicios exclusivos de entrenamiento de ventas* desarrollados por el autor para mejorar destrezas específicas que son puertas de enlace no solo para la habilidad de vender, sino también para vender sin esfuerzo.

Fundamentalmente, vender mejor, con mayor facilidad y arte exige una comprensión exhaustiva de las palabras correctas y básicas asociadas con las ventas. Sin tal comprensión de lo que realmente ES vender y cuáles SON sus componentes básicos, sus ventas estarán construidas sobre una fundación que inevitablemente colapsará. Los cadáveres de anteriores carreras y compañías de ventas se pudren a lo largo de pasajes olvidados con técnicas de ventas imprácticas o de pacotilla, oportunidades de ventas perdidas, presentaciones de ventas fallidas y cuotas de ventas desperdiciadas... todo debido a un entrenamiento básico pobre o incompleto.

Las palabras "vender" y "ventas" permanecen sin definición en la mayoría de los libros de entrenamiento. Este libro expone y define estas y otras palabras clave, resultando en una venta simplificada. Aquí revelamos qué destrezas necesita saber y PRACTICAR, PRACTICAR y PRACTICAR para alcanzar la perfección de las ventas sin esfuerzo.

Vender es *una acción*—algo que tiene que *hacerse*. Los ejercicios de entrenamiento de ventas exclusivos y prácticos desarrollados por el autor, están diseñados para repetirse con frecuencia, cada vez añadiéndoles mayor resistencia y distracciones. Estos mejoran, refinan y realzan la habilidad y destreza.

¡También son DIVERTIDOS!

Imagine saber cómo comenzar una cita y presentación de ventas eficazmente…cómo guiar a su prospecto a través de cada paso vital—reparando a medio camino, según se necesite—y entonces cómo cerrar la venta sin esfuerzo.

"La simplicidad es la máxima sofisticación", escribió Leonardo da Vinci. Aunque este volumen es más conciso que otros libros de entrenamiento de ventas que pueda haber leído anteriormente, su enfoque *comprobado* es poderoso, fácil de aplicar, y efectivo. Principiantes y profesionales expertos se han beneficiado de la información en estas páginas. Aquí hay perlas de la Veta Principal (la veta más fructífera) de las ventas, por las cuales mucha gente alrededor del globo pagó buen dinero para aprenderlas. Armados con este conocimiento, ahora ganan comisiones de ventas con mayor facilidad y sus clientes frecuentemente preguntan por ellos por su nombre y les dan la bienvenida otra vez para más presentaciones de ventas.

Este enfoque fundamental de ventas funciona bien cada vez, *cuando se aplica*. Se puede mejorar el control sobre sus oportunidades y prospectos de ventas aplicando lo que aprenderá aquí. Un mejor control de las ventas le dará mayor confianza, más ventas cerradas y más comisiones en su bolsillo. Es así de simple.

SUGERENCIA: Cada sección desarrolla la destreza necesaria para la siguiente sección. **Completar los pasos uno a la vez en el orden presentado, conduce al mejor resultado.** *El autor aconseja encarecidamente comenzar desde el principio y trabajar a través de los pasos en el orden en el que están dispuestos. En otras palabras, sigue el curso en secuencia.* ¿Por qué estropear el misterio y engañarse a sí mismo de aprender todo lo que pueda?

ALGUNAS NOTAS ACERCA
DE LAS PALABRAS

El renombrado autor y educador L. Ronald Hubbard ha dicho lo siguiente acerca de las palabras en su libro *The New Grammar (La Nueva Gramática)*:

¡Hemos sabido desde 1964 que seguir más allá de una palabra que uno no comprende hace a una persona quedarse en blanco en los materiales que siguen a la palabra malentendida! Cuando una persona se encuentra una palabra malentendida, él deja de comprender y no capta completamente ni toma conciencia de lo que sigue. Esto aplica a una oración, un libro, un trabajo o toda una organización. La comprensión cesa al seguir más allá de un palabra o concepto malentendido... La única razón por la que una persona abandona un estudio, se confunde o se vuelve incapaz de aprender, es porque ha pasado una palabra que no comprendió. Este es el factor único más importante en todo el campo del estudio".

Y,

Se encontró que la palabra "palabra"...tiene más de un significado. "Palabra" puede usarse para significar <u>un solo concepto expresado en forma de sonido o símbolo; puede significar un sonido o símbolo que expresa más de un concepto y</u>

puede significar el sonido o símbolo en sí mismo independientemente de cuantos significados tiene.

***

Comprender las palabras y sus usos también asiste la aplicación de las ideas en actividades del mundo real. Una sola palabra puede tener diferentes significados y usos—la palabra "bota", (por ejemplo, no solo significa calzado generalmente de cuero que resguarda el pie, tobillo y, a veces, una parte de la pierna, sino también recipiente de cuero, en forma de pera, donde se echa el vino.

El uso de una sola palabra o combinación de palabras (frases, oraciones) como expresiones simbólicas de una o más ideas (conceptos), sonidos o cosas, simplifica la descripción. Por ejemplo, uno puede escribir, "Este libro es acerca de una persona que muestra y ofrece productos o servicios a otro por un precio, con la intención de hacer que quiera poseer lo que se le ofrece; y, en reversa, esa persona acuerda pagar algo de valor a cambio de la transferencia de los objetos o servicios a él, de los cuales él entonces toma posesión junto con cualesquiera beneficios adicionales devengados por tomar la propiedad". O uno puede simplemente escribir, "Este libro es acerca de las ventas". Esa sola palabra "ventas" comprendida, simplifica y transmite la idea de toda la actividad.

Claramente, entonces, comprender las palabras clave asociadas con las ventas y el vender es un fundamento crítico sobre el cual descansa el éxito en las ventas. En otras palabras, definir palabras clave no solo le permitirán estudiar y aprender mejor, sino vender mejor también. Además, podemos ir a la base y fortalecer su entrenamiento previo de ventas y asistirle en el uso de cualesquiera técnicas de ventas que pueda desear adquirir en el futuro.

Una comprensión completa de las palabras claves de las ventas realza la confianza, mejora el control en situaciones reales de ventas y conduce a mejores resultados. Sin una comprensión tan clara, sus ventas se mantendrán menos efectivas de lo que podrían ser, lo que resulta en la pérdida de ventas y clientes. Su viaje aquí, por lo tanto, comienza con un estudio completo y el aclaramiento de las palabras claves seleccionadas.

***

El siguiente material del Sr. Hubbard, extraído de un artículo llamado ACLARANDO PALABRAS, da el procedimiento exacto de cómo aclarar estas palabras y comprenderlas completamente:

ACLARANDO PALABRAS

Una palabra malentendida permanece malentendida y más tarde colgará a una persona a menos que aclare el significado de la palabra en el contexto de los materiales que se están leyendo o estudiando y también lo aclare en todos sus varios usos en la comunicación general.

CÓMO ACLARAR UNA PALABRA

Para aclarar una palabra, uno la consulta en un buen diccionario.

El primer paso es repasar rápidamente las definiciones, para encontrar la que es adecuada al contexto en que la palabra se entendió mal. Uno lee la definición y usa la palabra en oraciones hasta que tenga un concepto claro de ese significado de la palabra. Esto puede requerir diez oraciones o más.

Luego uno aclara cada una de las demás definiciones de esa palabra, usando cada una en oraciones hasta tener una comprensión conceptual de cada definición.

Lo siguiente que se necesita hacer es aclarar la etimología, que es la explicación del origen de la palabra. Esto ayudará a obtener una comprensión básica de la palabra.

No aclares las definiciones técnicas o especializadas (de matemáticas, biología, etc.), obsoletas (que ya no se usan) o arcaicas (anticuadas y que ya no están en uso general), a menos que la palabra se esté usando de esa manera en el contexto donde se entendió mal.

La mayoría de los diccionarios presentan los modismos de una palabra. Un modismo es una frase o expresión cuyo significado no se puede comprender a partir de los significados normales de las palabras. Por ejemplo, 'tirar la toalla', es un modismo en español que significa 'rendirse'. Un buen número de palabras en español se usan en modismos y estos normalmente aparecen en un diccionario después de las definiciones de la palabra en sí. Estos modismos se deben aclarar.

Uno también debe aclarar cualquier otra información que se dé acerca de la palabra, como notas sobre su uso, sinónimos, etc., para tener una comprensión completa de la palabra.

Si uno encuentra una palabra o símbolo que no comprenda dentro de la definición de la definición de una palabra que se está aclarando, uno debe aclararlos de inmediato usando este mismo procedimiento y después regresar a la definición que estaba aclarando. (Las abreviaturas y símbolos que se usan en el diccionario, por lo general se explican en sus primeras páginas).

***

La aplicación ideal de este método de entrenamiento de ventas y el enfoque de ventas desarrollado por el autor, es leer el libro y realizar la serie completa de ejercicios de entrenamiento de ventas en secuencia al menos una vez. Entonces, repite la serie dos veces más.

Junto con un compañero—alguien que ha acordado ayudarle—tomarán turnos haciéndose pasar por un "prospecto" y un "vendedor". El prospecto ayuda a su vendedor a mejorar su destreza de ventas asegurándose que participa en los ejercicios correctamente, gradualmente encarando mayores grados de resistencia y distracción. El prospecto adiestra al vendedor hasta mejorar su certeza para aplicar lo que está aprendiendo con cada nueva interpretación.

***

(**NOTA**: Cuando el masculino "él" se usa en este libro, el femenino "ella" está implícito y destinado a ser incluido).

***

¿Listo?

De acuerdo. ¡Comencemos!

Comienza por leer el ensayo acerca del primer día de ventas del autor.

MI PRIMER DÍA DE VENTA

Un día, cuando yo tenía 11 años, mi hermano, quien es un año mayor que yo, me trajo a casa del colegio un montón de banderas americanas. Dijo que su maestro los pidió a todos los estudiantes en su clase que salieran y vendieran estas banderas de puerta en puerta. Él no quería hacer el intento de vender las banderas por sí solo, así que me reclutó a mí para ir con él en nuestro vecindario.

Ninguno de nosotros había pensado jamás acerca de vender nada antes y no sabíamos qué decir. Él me entregó la mitad de lo que tenía para vender y me dijo que tocará una puerta tras otra en el lado izquierdo de la calle. Él entonces procedió a cruzar y trabajar el lado opuesto por su cuenta.

Tenía miedo. Mi idea había sido que estaríamos trabajando juntos. Nunca había tocado a la puerta de ningún extraño antes.

Una vez que toqué la puerta de la casa más cercana, esperé a que el residente respondiera. Cuando apareció un hombre, dije, "Señor, ¿quiere comprar una bandera americana?"

"¡No!" gritó. La puerta se cerró antes de poder sacar otra palabra de mis labios.

Caminé a la próxima puerta, toqué y esperé. Una mujer me miró por la mirilla de la puerta.

"Cómo puedo ayudarle, jovencito?"

"Señora, le gustaría comprar…" Cerró la pequeña ventana en la puerta, dejándome mudo.

Miré al otro lado de la calle y vi que mi hermano estaba varias puertas adelante de mí. El sostenía lo que me parecía ser todas sus banderas; no había vendido ni una. Decidí, *yo quiero vender la primera bandera.*

En la siguiente casa, toqué y esperé. Un hombre grande se paró ante mí, y yo dije, "Por favor, cómpreme una bandera americana a mí," ondeando la bandera un poco mientras hablaba.

"¿Cuánto?" preguntó.

"Dos dólares, señor."

"Okay. Tomaré una." Me entregó dos dólares.

Me invadió la alegría—Casi olvidé darle al hombre su bandera. Tuvo que recordarme entregarle una.

Mi hermano estaba muy abajo en la calle. Lo vi mientras cruzaba a trabajar en mi lado de regreso hacia mí.

En la próxima casa, nuevamente dije, "Por favor cómpreme una bandera a mí." Vendí otra bandera.

Para cuando mi hermano se reunió conmigo, había vendido tres banderas. Pero no quería vender más, y tampoco mi hermano, así que caminamos a casa.

Mi primer día de ventas había terminado y había aprendido dos lecciones valiosas: que podía vender algo, aunque tenía miedo; y que si realmente lo quería, podía, probablemente, vender cualquier cosa. La última comprensión cambiaría toda mi vida.

Mi hermano vendió una bandera ese día. Más tarde se convirtió en un abogado corporativo internacional. Yo seguí vendiendo millones de dólares en productos y servicios, durante una carrera de ventas de 48 años, comenzando con una ruta de reparto de periódicos que tripliqué en tamaño; mi propio servicio de podado de jardines que comencé desde el principio con una podadora manual; y después de la escuela, un trabajo a tiempo parcial en un restaurante Howard Johnson, preparando postres helados para las mesoneras y sirviendo a mis clientes sentados en un mostrador de 21 puestos.

Eventualmente, los equipos deportivos se hicieron cargo de mi tiempo libre. Mi próximo trabajo de ventas no llegaría hasta después de que yo estaba fuera de la universidad y viviendo en la

ciudad de Los Ángeles. Tenía 23 años en ese
momento.

DEFINIENDO PALABRAS CLAVE DE VENTAS

(**NOTA**: Mientras que algunas definiciones, derivaciones, modismos y sinónimos de palabras claves asociadas con las ventas y el vender se proporcionan aquí para su conveniencia, el autor recomienda encarecidamente que cada lector o aprendiz conserve y se refiera a un buen diccionario pasta dura para una comprensión más completa de estas palabras claves.

Cuando aclares una palabra, usa el método descrito en "Cómo aclarar una palabra" por el Sr. Hubbard).

NOTA: Las definiciones provistas en este libro están resumidas en relevancia a este libro, lo que significa que hay más definiciones en los diccionarios a los que se hace referencia. Por lo tanto, una lista de definiciones puede comenzar con un número distinto al (1) uno u omitir otras definiciones. Para una aclaración completa de las palabras, por favor consulte un diccionario real.

Define la palabra clave "VENDER" *

... Definición de VENDER

...2
a (1): ceder (una propiedad) a otro por algo de valor (como dinero) (2): ofrecer para la venta
b: entregar a cambio de algo más...

c: exigir un precio por...

3
... **c**: prestar los servicios personales por dinero...

5
a: desarrollar una creencia en la verdad, el valor o el atractivo de algo: ganar aceptación por...
b: persuadir o influenciar hacia un curso de acción o hacia la aceptación de algo...

... 7
a: causar o promover la venta de...
b: hacer o intentar hacer la venta de algo
c: influenciar o inducir a realizar una compra

8
: lograr la venta de...

9
: disponer de algo mediante una venta...

10
: lograr una venta; *también*: lograr ventas satisfactorias...

11
: tener un precio determinado...

... Origen de la palabra VENDER

Proviene del latín *venidi; venum dare* 'dar a vender' *sánscrito vasnám 'precio'* derivado de *venum* es el adjetivo latín *venalis* (venal)
Primer uso conocido: antes del siglo 12

*"Por permiso. Del *Diccionario Etimológico (*www.etimologias.dechile.net)".

ALGUNOS MODISMOS DE "VENDER":

Venderle a alguien algo

convencerlo de hacer algo; convencer a alguien para que acepte una idea.

vender algo a algo

1. comercializar algo a un precio particular.

2. comercializar algo a algo o algún lugar.

vender algo por un precio determinado

comercializar algo en un precio particular.

vender algo por una canción

vender algo por muy poco dinero. (Al igual que en el comercio de algo de valor por el canto de una canción).

venderle a alguien algo

vender la totalidad de algo.

vender algo a crédito

vender algo ahora y dejar que el comprador lo pague más tarde.

vender la granja y apostar la granja

liquidar todos los activos con el fin de recaudar dinero para invertir en algo.

punto de venta

una característica de un producto o idea que vale la pena mencionar cuando se trata de vender el producto o idea.

venta suave

el uso de la sugestión o persuasión amable al vender en lugar de una presión agresiva.

vender como pan caliente o también se venden como pan caliente

vender rápidamente y en grandes cantidades.

agotar las ventas (de algo)

vender la totalidad de algo, de manera que no quede nada.

SINÓNIMOS: vender, trueque, comercio, subasta.

***

Ahora que se ha aclarado la palabra "vender," es posible que se dé cuenta de mucho más acerca de las ventas que nunca antes, o que tiene una nueva certeza acerca de las ventas. Cualquiera que sea la comprensión que tiene ahora es mucho mayor de la que tenía antes. ¡Ahora está encaminado!

(NÓTESE BIEN: se recomienda encarecidamente hacer una aclaración completa de cada palabra básica clave. Escatimar en esta acción impedirá la certeza sobre cómo vender. Y recuerda hacer varias oraciones para cada definición).

Define la Palabra Clave "VENTA" *

... Definición de VENTA

1

: El acto de vender; *específicamente*: la transferencia de una propiedad y/o título de propiedad de una persona a otra por un precio

2

a: oportunidad de venta o de ser vendido...
b: distribución mediante la venta

3

: disposición pública al mejor postor...

4

: la venta de bienes a precios de ganga

5

plural

a: operaciones y actividades relacionadas con la promoción y venta de bienes o servicios...
b: ingresos brutos...

... Origen de la palabra VENTA

Viene del latín vendo, venidi *veniditum "vender"*....
Derivado de venum es el adjetivo latín venalis (venal)

"Por permiso. *Diccionario Etimológico (*www.etimologias.dechile.net)".

ALGUNOS MODISMOS DE "VENTA":
a la venta

disponible para la compra.

cerrar una venta y **cerrar la venta**
completar la venta de algo; sellar el trato en la venta de algo.

a la venta
disponible para la compra; se puede comprar.

no se vende
no; nada vendido; nada a la venta.

a la venta
cuando algo se ofrece por menos del precio completo.

SINÓNIMOS: ninguno.

***

Después de haber completado la secuencia completa de aclaración de las palabras "vender" y "venta," ahora debería tener una certeza inquebrantable de lo que realmente SON las ventas.

Recuerde, que, sin embargo, las ventas implican tanto acción como palabras; es algo que se HACE. Vender es hacer que otra persona comprenda y *quiera* lo que se está ofreciendo. Una venta incluye el intercambio de ideas, productos, bienes o servicios por otro bien valioso. Hay que tener la intención de provocar un deseo de, y tener la intención de obtener algo de valor a cambio de lo que se está vendiendo, con el fin de hacer una venta.

Define la Palabra Clave
"COMUNICACIÓN" *

... Definición de COMUNICACIÓN...

...2
a: información transmitida...
b: un mensaje verbal o escrito

3
a: un proceso por medio del cual se intercambia información entre individuos a través de un sistema común de símbolos, señales o conducta... *también*: intercambio de información...
4
plural
a: un sistema (como de teléfonos) para transmitir o intercambiar información
b: un sistema de rutas para mover tropas, suministros y vehículos
c: personal comprometido en transmitir o intercambiar información...

... Origen de la palabra COMUNICACIÓN

...Primer uso conocido: antes del siglo 14

*"Por permiso. Del *Diccionario Etimológico (*www.etimologias.dechile.net)".

MODISMOS, SINÓNIMOS: ninguno.

***

En cuanto a los elementos básicos de las ventas, vemos que las palabras, acciones, intención, el entendimiento mutuo del valor y el intercambio—el marco que constituye la base de todas las ventas—conforman lo que podría llamarse "comunicación de ventas". *

* (Definición del autor):"Una 'comunicación de ventas' es una comunicación especializada de una o más personas vendiendo bienes o servicios a otro u otros, lo cual incluye una intención especializada por crear en la otra persona o personas una comprensión y deseo por el intercambio de los bienes o servicios ofrecidos; más, un acuerdo del (los) futuro(s) comprador(es) lo cual incluye su decisión de comprar e intercambiar algo de valor, usualmente dinero, de vuelta a la(s) persona(s) que está(n) vendiendo, a fin de tomar la posesión que le corresponde de los bienes o servicios y cualesquiera beneficios deseables percibidos que pudieran derivarse de la posesión o propiedad de ellos".

¡Una venta, por lo tanto, es el resultado de una comunicación de ventas exitosa!

Si vender esencialmente depende de la comunicación, ¿qué ES la comunicación?

¡Averigüemos!

***

En las palabras del Sr. Hubbard:

"La fórmula de la comunicación es: causa, distancia, efecto, con intención, atención y duplicación CON COMPRENSIÓN".

Del libro, *Modern Management Technology Defined (Tecnología Moderna de Gerencia Definida)*, por L. Ronald Hubbard.

***

Una venta no puede realizarse sin comunicación.

En las ventas, siempre hay un vendedor. Siempre hay un posible comprador. El vendedor inicia la comunicación, en la mayoría de los casos. Con su atención en el prospecto, él usa su intención para tener control de la atención del prospecto a fin de crear algún interés y provocar un querer o un deseo tanto por su mensaje como por lo que está vendiendo. Un deseo tal sucederá cuando el prospecto comprende claramente no sólo lo que se dice, muestra, u ofrece, sino también el valor que puede representar para él—lo que él podría obtener al tomar propiedad. Abandona cualquiera de estos factores y la comunicación de ventas no podrá ocurrir.

Una vez más, si no hay un vendedor, no puede haber ninguna venta. Si el vendedor nunca identifica a un prospecto potencial al que preguntar, no puede haber ninguna venta. Si no hay un prospecto, no hay nadie a quien venderle. Si el vendedor nunca obtiene ni controla la atención del prospecto, no puede haber una venta. Si el prospecto nunca comprende lo que se está vendiendo y no puede recrear en su mente lo que se le está diciendo—él no comprende el mensaje... no habrá venta. Si él no puede ver ningún valor en poseer lo que se ofrece, no puede haber ninguna venta.

Si no hay un intercambio de ideas y no hay acuerdo, no es posible una venta. En pocas palabras, no hay comunicación = no hay venta.

¡El problema no sería acerca de los grados de comunicación, sino sobre si existe o no *alguna comunicación en absoluto*!

La venta basada en la comunicación se mueve en dos direcciones—cada persona da y recibe comunicación—y eso incluye al prospecto *en algún punto* convirtiéndose en un comprador; es decir, él decide y se compromete a tomar posesión e intercambiar algo de valor a cambio de los bienes o servicios ofrecidos.

¿Qué tan buena puede ser una comunicación de ventas *realmente*? Esta pregunta conduce a considerar la venta como un ARTE.

¿QUÉ ES EL ARTE?

¿Entonces, qué realmente es el ARTE? De acuerdo al Sr. Hubbard:

"El ARTE es una palabra que resume LA CALIDAD DE LA COMUNICACIÓN.

"¿Cuánto arte es suficientemente arte? La cantidad necesaria para producir una aproximación del efecto deseado en su receptor o espectador, dentro de la realidad de la posibilidad de hacerlo de esa manera".

Del libro, *ARTE,* por L. Ronald Hubbard.

***

Para un vendedor, el cierre de una venta es el objetivo de su comunicación. Vender algo tan suavemente, tan inteligentemente y con tal comprensión y satisfacción mutua que ambos, el vendedor y el comprador sean enaltecidos... eso podría considerarse arte. Como suele decirse, "Lo llevó al nivel del 'Arte'" ... "Eso fue tan sublime, que era realmente 'Arte'" ... "Existe el periodismo, y luego está el '¡Arte!'" En otras palabras, existen las ventas, y entonces está el arte de vender. Una comunicación de ventas mutua que es tan sublime que enaltece, regocija y crea nuevas comprensiones entre el vendedor y el comprador es... arte.

El arte y las ventas

Lo suficientemente buena para lograr comunicar al comprador potencial lo QUÉ se ofrece y el VALOR que podría tener *para él*, lo que le hace QUERER poseer *lo que se puede derivar de poseerlo*, y entonces ACORDAR pagar o intercambiar algo de valor por ello.

Cualquier venta puede ser elevada a un nivel que se considere arte, simplemente mediante la aplicación de una calidad genuina en cada elemento de la comunicación de ventas que se genere entre el vendedor y el comprador. Cuando los factores esenciales de la comunicación de ventas son llevados y elevados en un cierto nivel de calidad de destreza o excelencia, lo llamamos "arte". Una comunicación de ventas ejecutada tan bien y tan hábilmente que tanto, el vendedor y su prospecto, son elevados a un grado de regocijo de nueva comprensión en un escenario de ganar-ganar define a la venta como un arte.

Algunos han dicho, "No sé exactamente qué es el arte, pero sé cuándo lo veo (escucho o siento)". Tú y tu comprador futuro sabrán cuando han logrado tal intercambio, porque el arte es en seguida palpable y sublime; una belleza que puede sentirse.

Todas las ventas son comunicación, pero solo algunas ventas se pueden considerar un arte. El arte de las ventas—vender artísticamente—es una comunicación tan bien ejecutada que su sola suavidad produce una mutua y fácil comprensión e intercambio para ambos, el vendedor y su comprador.

PASO UNO: ¡MÍRAME!

Define la Palabra Clave
"ATENCIÓN" *

(**NOTA RECORDATORIA**: No saltes el paso de usar las palabras definidas en oraciones).

... Definición de ATENCIÓN

1
a: el acto o estado de aplicar la mente a algo
b: una condición de preparación para tal atención, especialmente los que incluyen una reducción selectiva o de enfoque de la conciencia y la receptividad

2
: OBSERVACIÓN, AVISO; *en especial*: en consideración con miras a la acción...

3
a: un acto de civismo o cortesía, especialmente en el cortejo...
b: consideración favorable de las necesidades y deseos de otros...

... Origen de la palabra ATENCIÓN

Viene del latín *attentio, attentionis* ad-*hacia tendere (tender, estirar)* más el *sufijo -ción (acción y efecto)* Primer uso conocido: antes del siglo 14

*"Por permiso. *Diccionario Etimológico (*www.etimologias.dechile.net)".

ALGUNOS MODISMOS DE LA PALABRA "ATENCIÓN":

traer algo la atención de alguien

hacer a alguien consciente de algo; mencionar o mostrar algo a alguien.

llamar la atención de alguien sobre algo y **llamar algo a la atención de alguien**

atraer algo a la observación de alguien; hacer que alguien reconozca algún hecho.

llamar la atención sobre alguien o algo

hacer que alguien, incluyendo a uno mismo, o a algo, para ser notado u observado.

centro de atención

el foco de atención de la gente; la cosa o persona que monopoliza la atención del público.

captar la atención de alguien y **ser notado por alguien**

ser contado, revelado o descubierto por alguien.

dirigir la atención de alguien sobre algo o alguien más

centrar la consideración o preocupación de alguien en alguien o algo; hacer que alguien note a alguien o algo.

llamar la atención de alguien sobre algo o alguien más

atraer la atención o concentración de alguien sobre algo o alguien más.

atraer algo a la atención de alguien

hacer a alguien consciente de algo.

captar la atención de alguien y obtener la atención de alguien; llamar la atención de alguien

llamar o atraer la atención de alguien.

mantener la atención de alguien

mantener la atención de alguien; mantener a alguien interesado.

prestar atención (a alguien o algo)

dar atención (a alguien o algo).

fijar la atención de alguien

mantener la atención de alguien fija [en algo].

SINÓNIMOS: ninguno.

***

El factor más crítico y temprano que establece la base para cualquier *posibilidad* de una venta es la captura y el control la atención de un prospecto. Mientras que la atención del prospecto esté en algún otro lugar, no puede, de hecho, haber ninguna comunicación. *Y la venta no será posible.*

Asumiendo que ya se ha aclarado "atención", ¿qué tiene que ver la atención con las ventas? ¿qué podría ser importante al respecto? ¿por qué?

La atención es el primer factor vital de cualquier comunicación de ventas que se entrega a un prospecto. Para poder comunicarse con uno, debes estar presente y poner su atención en ese prospecto. Él, a su vez, debe tener su atención en tí. Tienes que tener su atención y también tienes que ser capaz de controlarla y dirigirla.

Piensa en esto: ¿alguna vez trató de hablarle a alguien cuya atención estaba en otra parte, o fue interrumpida? Se sabe justo cuando sucede porque se siente como si uno estuviera hablando consigo mismo.

¡Y lo estabas!

Comunícate... eso es lo que hacen los vendedores. Lo primero acerca de la comunicación es que tiene que estar presente, atraer y retener la atención de la otra persona. Atrayendo y manteniendo la atención de su prospecto *en ti*, esa es la primera acción clave de cualquier presentación de ventas.

Toma un momento e imagina cómo la "atención" se presentaría en una comunicación de ventas. Primero observe su propio papel como el vendedor: ¿qué debes hacer cuando eres el vendedor? Su atención se dirige hacia el prospecto. Lo más probable es que miraría a su prospecto, ¿correcto?

Como punto de partida, la atención en una comunicación de ventas a menudo comenzaría por mirar a su prospecto cuando el prospecto está presente. Sin embargo, ¡el prospecto también necesita mirarlo! Su prospecto debe darse *cuenta* que le está mirando y saber que su atención está en él. Es su trabajo atraer y mantener su atención en ti para comenzar la comunicación de ventas, posteriormente dirigiéndola a donde quiera que desee a través de la presentación de ventas.

La atención debe sostenerse y mantenerse – controlada por ti – ¡a través de un argumento o presentación completa de ventas! ¡Piérdela, y la comunicación se detiene! En cualquier momento en el que se pierda la atención, la suya o la de ellos, ¡deberá recuperarla de inmediato! Recuerda, ninguna atención = ninguna comunicación de ventas = no hay venta.

Es vitalmente importante que *ejercite* su habilidad de atraer y mantener la atención de un prospecto. Atraer la atención es una destreza que se puede mejorar en cualquier momento y tan frecuentemente como lo desee. Inclusive en situaciones que no son de ventas, la captación de atención puede ejercitarse, practicarse y mejorarse. Esto es simple, divertido... ¡y hace las ventas mucho mejores!

***

NOTA IMPORTANTE: En el primer ejercicio de entrenamiento de ventas, al igual que en cada uno de los ejercicios en este libro, es VITAL separar y ejercitar cada destreza por sí misma. **No las practiques juntas.**

Adicionalmente, no escatimes en un ejercicio, porque parezca muy simple o fácil de hacer. Cada ejercicio tiene una capacidad ilimitada para incrementar el grado de dificultad al incrementar la resistencia y distracciones adicionales presentadas por tu compañero, resultando en una mayor capacidad.

La idea es separar cada destreza y luego ejercitar cada *una la vez, en el orden presentado.* Las destrezas individuales de ventas son co-dependientes unas de las otras: mejorar una mejora las otras. Cada destreza es un elemento fundamental. Fortalece una y habrá fortalecido toda la fundación sobre la cual descansa su habilidad para vender—sin mencionar su subsiguiente récord de ventas alcanzadas y comisiones ganadas.

El entrenamiento le conducirá a ejercitar situaciones reales de ventas, pero sólo en los últimos dos ejercicios. Más adelante, el impacto general de tus comunicaciones de ventas y habilidad será cada vez más evidente al hacer los ejercicios. Confía en mí.

En otra nota, los ejercicios de entrenamiento de ventas se realizan mejor con un compañero aprendiz, un "compañero", quien es, en ocasiones, un "prospecto" o un "vendedor," al igual que tú lo serás para él.

El "prospecto" en cualquier ejercicio tiene un doble rol: el actúa el papel de una persona abordada por el estudiante quien actúa como "vendedor" … y también es el "adiestrador" de su compañero. En otras palabras, él no solo participa en la comunicación de ventas, sino que también se asegura de que su compañero haga y complete sus ejercicios correctamente.

* * *

La importancia de la función del adiestrador no se puede enfatizar demasiado. El Sr. Hubbard escribió en un artículo llamado *Adiestramiento*:

> 1. *Adiestra con un propósito. Cuando adiestres a un estudiante, ten como meta que él realice el ejercicio de entrenamiento correctamente... Ten en mente el propósito de que el estudiante logre una mayor comprensión del*

ejercicio de entrenamiento, y de que lo haga al máximo de su capacidad.

2. *Adiestra con realidad. Sé realista al adiestrar... Sé imaginativo en tiempo presente.*

3. *Adiestra con intención. La base de todo tu adiestramiento debe ser tu intención de que al final del ejercicio el estudiante se dé cuenta de que lo hace mejor al final que al principio. El estudiante debe tener la sensación de que ha logrado algo en el ejercicio de entrenamiento, sin importar lo pequeño que sea. Al adiestrar, tu intención es, y siempre debe ser, que el estudiante que estás adiestrando sea una persona más capaz y tenga una mayor comprensión de aquello en que se le está adiestrando.*

4. *Al adiestrar, ocúpate sólo de una cosa cada vez... Asegúrate de que el estudiante haga correctamente cada paso que le adiestres antes del pasar al siguiente... Como adiestrador eres responsable principalmente de los ejercicios y de los resultados que se obtengan en el estudiante... El progreso del estudiante depende en gran medida del estándar que tenga el adiestramiento. Los buenos resultados producen personas mejores.*

* * *

***

EJERCICIO DE ENTRENAMIENTO DE VENTAS 1:

Captar la atención

Este ejercicio de entrenamiento de ventas puede hacerse con otra persona que trabaje contigo o con cualquiera al que quiera contactar. También puede hacerse con personas que no están participando en el entrenamiento, ya que, para los fines de este ejercicio, solo estás tratando de hacer que otra persona te mire.

Lo que se hace es lo siguiente:

Sentado o parado, te presentas con alguien en persona. Ves que están allí y haces que te vean *por cualquier medio socialmente aceptable que sea necesario, * al igual que se den cuenta de que estás presente y mirándolos. Haz está sola acción varias veces y con varias personas donde sea posible.

*SUGERENCIA: Los medios necesarios podrían ser tan leves como pararse allí hasta que te miren; quizás hacer un sonido o anunciar tu nombre; tal vez inclusive moverte más cerca hasta que estén conscientes de tu presencia; por último, contacto físico, como tocar su mano u hombro gentilmente. La idea es hacer un contacto real de su atención; hacer que te miren.

SUGERENCIA: Este ejercicio puede lograrse con o sin palabras. Inténtalo de ambas maneras; ¡ve qué sucede!

Es importante que sepas *que* puedes incrementar tu certeza en la habilidad para hacer que la gente te mire, incluyendo su comprensión de que tú los estás viendo a ellos; también, que sepas que *fueron tus acciones o palabras* las que atrajeron la atención de la otra persona hacia ti.

¡Esa es la totalidad de este ejercicio! ¡este ejercicio es extremadamente simple! No lo hagas más complicado. El siguiente ejercicio será similar, pero tendrás que trabajar más.

Este ejercicio de entrenamiento se completa cuando haz controlado la atención (haber logrado que las personas te vean) *varias* veces; y también cuando sepas que *has* atraído, y que puedes atraer, *a voluntad,* la atención de otra persona hacia ti en cualquier momento.

EJERCICIO DE ENTRENAMIENTO DE VENTAS 1A:

Captando la atención a pesar de la resistencia

Ahora necesitas atraer la atención de otra persona hacia ti *a pesar de la resistencia o distracción añadida.* La resistencia puede presentarla un compañero que está dispuesto a hacer el entrenamiento contigo, o por cualquier persona (no-aprendiz) que inconscientemente tenga su atención en algo más. **Se requiere resistencia y/o distracción en este ejercicio.** Quieres mejorar tu disposición y habilidad de atraer y controlar la atención de cualquiera a pesar de una objeción renovada o creciente u otros obstáculos.

Lo que se hace es lo siguiente:

Trabaja con un compañero dispuesto—un estudiante que ofrezca mayor *resistencia verbal o física a tus intentos por atraer su atención*—hasta que puedas hacer *fácilmente* que te vean, a pesar de la mayor resistencia. Asegúrate que tu compañero (tu adiestrador) comprenda que está allí *para ayudarte* a ganar mayor certeza y destreza. Su propósito debe ser ayudarte a alcanzar esa meta. Se debe tener cuidado de que tu nivel de destreza se eleve de acuerdo a *tu* estimación.

Este ejercicio puede también hacerse con muchos compañeros representando diferentes circunstancias. La DIVERSIÓN se extiende mientras lo hacen más difícil para ti.

Al trabajar con personas que no están conscientes del ejercicio—personas que no son estudiantes—debes buscar personas que ya tengan su atención en otra cosa. Simplemente atraes su atención hacia ti—haz que te miren—y entonces agradéceles cuando lo hagan. Habiéndolo hecho, muévete hacia otra persona y hazlo otra vez. Continua con esta acción hasta que hayas logrado una mayor certeza y habilidad para atraer la atención, a tu satisfacción.

Al trabajar con no-estudiantes, acércate a las personas de una manera socialmente aceptable. No violes las leyes o costumbres (acuerdos sociales) del lugar o de las personas con las que te encuentres cuando hagas este ejercicio. Observa la actividad del prospecto primero—asegurando que no habría peligro o posibilidad de un accidente o lesión al captar su atención brevemente.

Descargo de Responsabilidad: Ni el autor, ni el editor de este libro ni sus herederos, individualmente y colectivamente, son responsables, ni pueden ser considerados responsables, de cualquier lesión, accidente o pérdida de cualquier clase como resultado de cualquiera que haga este ejercicio. Cualquier desenlace o resultado en el estudiante, otra persona o personas o grupos al hacer este ejercicio de entrenamiento será responsabilidad exclusiva de la persona iniciando y haciendo el ejercicio, quien libera de daños al autor, su editor y herederos de cualquier acción legal derivada de, o como resultado de, sus actividades relacionadas con este ejercicio.

NOTA: En cualquier punto mientras se hace este o cualesquiera de los otros ejercicios de entrenamiento, podrías experimentar un cambio profundo—algo que podríamos llamar un "momento ¡Aja!". Sabes, un nuevo "bombillo" se enciende en tu mente y conectas los puntos de formas nunca antes considerados. Cuando esto suceda, toma un descanso. Compártelo con tu compañero, porque ambos han tenido una ganancia agradable. Para un cambio, podrías alternar roles con él. Cuando estés listo, continúa. Siempre puedes regresar a este ejercicio y hacer más, si así lo deseas; de otro modo, simplemente disfruta de tu logro.

Este ejercicio de entrenamiento se completa cuando sabes que has logrado un nuevo nivel de mayor certeza y destreza.

NOTA: *Es esencial que tú personalmente alcances una mejoría en cada área de destreza y* *con cada ejercicio antes de moverte hacia el siguiente paso.* Repetir un ejercicio de entrenamiento de ventas hasta que estés satisfecho de poder aplicarlo y estés listo para moverte al siguiente paso, puede ser de gran valor. Obtén lo más que puedas de este entrenamiento.

Vamos a recapitular: ha definido las palabras básicas asociadas con las ventas, la comunicación y el arte. Ha comprendido acerca de la atención y tiene ahora un conocimiento práctico de la atención como herramienta de ventas y cómo aplicarla. También ha mejorado sus destrezas para captar la atención.

¿Se siente ahora más seguro de ser capaz de atraer y mantener la atención de un prospecto?

¿Sí? Bien hecho, entonces. ¡No es un mal comienzo!

PASO DOS:
¡CREANDO INTERÉS!

El segundo fundamento de las ventas es definir y captar el concepto (la idea) de crear "interés" en tu argumentación o presentación de ventas, y cómo aplicarlo.

Define la Palabra Clave
"INTERÉS" *

... Definición de INTERÉS...

... 5
a: un sentimiento que acompaña o causa atención especial a un objeto o clase de objetos: PREOCUPACIÓN
b: algo que despierta tal atención
c: una cualidad en una cosa que despierta interés...

...Origen de la palabra INTERÉS

Interés proviene del latín *interesse,* que quiere decir importar. *Interesse* está formado de inter (entre) y *esse* (ser), es decir *"lo que está entre".*
Primer uso conocido: siglo 15

*"Por permiso. *Diccionario Etimológico (*www.etimologias.dechile.net)".

ALGUNOS MODISMOS DE INTERÉS:

interesar a alguien en alguien o en algo

despertar el interés de alguien por alguien o alguna cosa.

interesar a alguien en algo

hacer que alguien desee comprar algo.

de interés (para alguien)

interesante para alguien.

picar la curiosidad de alguien y **picarle el interés a alguien**

despertar el interés; despertar la curiosidad.

tomar un interés en alguien o en algo

volverse preocupado o interesado en alguien o en algo.

tener un gran interés en algo

tener un interés fuerte en algo; estar muy interesado en algo.

SINÓNIMOS: ninguno.

***

Interesar un prospecto en algo implica que tiene algo en lo que él puede poner su atención o curiosidad, aparte de ti. En otras palabras, tiene que presentar una idea (un plan de negocios, por ejemplo); una cosa (un algo [un producto o bienes] que él pueda ver y tocar); o una partícula de comunicación (cuando se venden intangibles como un servicio o publicidad; o cuando no esté frente al prospecto físicamente—por ejemplo, ventas vía telefónica o en un webinario).

Generar el interés como un fundamento de las ventas, se trata acerca de dirigir la atención del prospecto fuera de ti y sobre algo a lo que quieres que le preste atención. Guiar y hacer que su atención se dirija a donde desees mediante lo que dices y/o haces. Verificando que esta dirección sea seguida mediante, bien sea, tu observación directa o (cuando no estés físicamente frente a ellos) a través de preguntas acerca de lo que acabas de decir y escuchando sus respuestas para verificar su comprensión.

Este es el paso en el que hablas acerca de LO QUE tienes que ofrecer y los detalles de lo que estás vendiendo. Describes tu(s) producto(s) o servicio(s).

***

El prospecto solo necesita saber, en este punto, qué ES lo que estás vendiendo; qué HACE, y su descripción... de una manera que él comprenda. Recuerde, en una comunicación de ventas la comprensión de sus ideas, producto(s) y/o servicio(s) es *vital*, y éstos deben ser comprendidos por su prospecto.

SUGERENCIA: Es importante observar que la atención del prospecto está siendo desviada bajo su control; que llega a donde la ha dirigido, y que comprende lo que le ha dicho. Este paso tiene todo que ver con controlar la atención de su prospecto fuera de ti y sobre las características de lo que está ofreciendo mientras lo *ofrece*.

SUGERENCIA: Está bien, es inclusive deseable, hacer preguntas a su prospecto acerca de lo que le muestra o dice en esta etapa de la presentación. En este paso de atraer interés, deberá consultar la comprensión del prospecto tanto (o tan poco) como sea necesario. Pídale que le cuente acerca de lo que acaba de mostrarle y/o explicarle y cómo eso aplica a él o a su situación. Revise si está de acuerdo; o cuales características tienen sentido para él. Responda a su interés mirándolo y escuchándolo.

***

Durante el paso del interés, cualquier desacuerdo u objeción obvios o expresados por el prospecto pudieran ser solo una no-comprensión o algún malentendido de algo dicho o hecho anteriormente—no una objeción o desacuerdo con respecto a ti o con lo que está vendiendo. Si observa una de estas señales, consulte la comprensión de su prospecto, haciéndole preguntas diseñadas a obtener respuestas que le ayuden a determinar qué, si lo hubiera, debe manejarse antes de progresar más allá hacia su meta de lograr la venta. Recuerde, están recorriendo el camino *juntos* y tú eres el guía.

Si su prospecto en este punto no comprende claramente lo que está diciendo, esto tirará por la ventana tanto su interés como su atención. Dependerá de ti observar esto y recuperar el control de su atención, si es posible, y luego de su interés, *antes de seguir adelante.*

A su vez, deberá también comprender la comunicación de su prospecto. Deberá, por lo tanto, mantener su propia atención, interés y comprensión de lo que el prospecto tiene que decirle. Si no comprende algo, ¡pregunta y clarifica!

Las comunicaciones de ventas se mueven en dos direcciones y ambas son válidas. De hecho, escuchar más de lo que hablas logrará, no solo más de la atención e interés de su prospecto, sino que también le proporcionará información importante acerca de cómo puedes construir aún más interés y subsecuentemente, deseo (alcance)—las cuales serán de utilidad más adelante.

***

Para interesar a su prospecto en las características y cualidades de su oferta, simplemente dirige y controla la atención del prospecto hacia diferentes *características* del producto o servicio.

El paso del interés es donde su prospecto puede intentar controlarlo. Eso está bien, *si escoges permitírselo.* Cualquier cosa que permitas a sabiendas mantiene su control sobre el prospecto y la situación. Permítele hablar; el podría llegar a decirle como transformar su interés en una necesidad por su oferta y, eventualmente, en una venta cerrada. El hacer preguntas es una buena manera de recuperar su control, haciendo que la comunicación de ventas vaya en tu dirección.

El "interés" como un elemento básico de ventas parece ser lo mismo, pero es diferente a la "atención". En el paso de la atención, tú colocaste y mantuviste la atención del prospecto en TI. En el paso del "interés" colocas su atención fuera *de ti* y sobre lo que sea o dondequiera que la guíes. En otras palabras, su prospecto debe terminar mirando a dónde quieres que mire y por la cantidad de tiempo que quieras que él mire allí.

SUGERENCIA: Puedes establecer más control sobre EL prospecto o cerciorarte si estás en control o no, colocando deliberadamente la atención del prospecto en varias cosas o ideas diferentes, una a la vez. Mueve su atención alrededor, izquierda o derecha, cerca y lejos. O haces preguntas. Si te sigue, su comprensión e interés están intactos como resultado de su comunicación de ventas.

El interés, al igual que la atención, puede ejercitarse.

NOTA: En la medida en la que progreses a través de los ejercicios de entrenamiento de ventas, experimentará que sus dificultades iniciales se convierten en destrezas y certezas. Lo que es difícil o arduo de hacer al comienzo, se volverá más fácil.

Saber cómo vender bien y ser capaz de vender con suavidad, como todo lo que vale la pena, merece el esfuerzo que tiene que hacer. Persiste y llegarás a un lugar mejor. Trabaje con su compañero con buena comunicación para lograr llegar allí.

EJERCICIO DE ENTRENAMIENTO DE VENTAS 2:

Atraer y controlar el interés

Hacer este ejercicio incluye captar la atención del prospecto (o estudiante) primero y entonces dirigirla hacia y sobre varias características y cualidades de sus productos, bienes o servicios, *una a la vez*.

Lo que se hace es lo siguiente:

Tomas algún objeto cercano, tal vez un bolígrafo, un vaso, tu reloj, etc.—*algo que NO sea lo que vendes en la vida real*—y haces lo siguiente:

SUGERENCIA: (Toma un objeto realmente simple; este ejercicio funciona mejor de esa manera, aunque puede ser más difícil al principio).

Pon la atención de tu prospecto en ti y entonces, mientras hablas acerca de una característica de un "producto", muéstrasela y guía su atención hacia esa característica. Dirigida de esta manera, su atención se convierte en su "interés".

Aquí, ¡es importante solo presentar una característica a la vez! Recuerde, el prospecto necesita duplicar y comprender cada punto que se lleva a cabo, y tú necesitas observar que el control de su interés está funcionando a tu favor.

Indicando características individuales una a la vez, estás dirigiendo y controlando tanto su atención e interés, lo cual es el punto exacto de este ejercicio.

Puedes ocasionalmente dejar de hablar inesperadamente, o hablar sin demostrar una característica, solo para hacer que el prospecto te mire, lo cual, por supuesto, re-establece tu control de su atención. Al hacer esto como una verificación de la atención, observa cuando tienes su atención bajo tu control.

Soy conocido por parar a *media oración* en situaciones reales de ventas y esperar hasta que mi prospecto me mira. En una oportunidad, ¡el prospecto no me miró por unos dos minutos! Cuando miró, le pregunté, "¿Qué sucedió?" y sonreí. Él, tímidamente, me miró, se disculpó y me dijo en qué había estado pensando, ¡lo que resultó ser la información exacta que más tarde pude usar para cerrar la venta! ¿Qué piensas que podría haber sucedido de haber simplemente seguido hablando?

Este ejercicio de entrenamiento se completa cuando has precisamente incrementado la certeza de tu habilidad y destreza en dirigir y controlar cualquier atención del prospecto fuera de ti y sobre algo que quieres que vea o considere. El aspecto más importante de estos ejercicios de ventas es *la comprensión* de que has alcanzado una nueva certeza, destreza y habilidad para aplicar lo que sea que puedas para crear *en el prospecto* el próximo paso, bien sea Atención, Interés o cualquiera de los pasos posteriores. *

*Nota: Un "paso" es una descripción apta, porque el viaje con tu prospecto hacia el cierre de una venta se parece mucho a comenzar en una súper autopista amplia que eventualmente se reduce a un viaducto de cuatro canales, luego a un camino de dos canales y, finalmente, a un camino o callejón de un canal con un extremo específico cerrado. Si viajan bien juntos, ambos querrán el mismo final.

La verdad es, que con cada prospecto estás realmente construyendo esa autopista, y tres de los "ladrillos" del pavimento con los que está hecha son comunicación, atención e interés.

EJERCICIO DE ENTRENAMIENTO DE VENTAS 2A:

Más acerca del interés

Puedes divertirte mucho con este ejercicio, si lo mantienes simple. ¡DIVERTIRTE es la manera de hacerlo!

Este es igual que el ejercicio de entrenamiento de ventas número 2 pero con mayor resistencia y distracciones de parte de tu compañero. Estás realmente trabajando en dos destrezas en este ejercicio: captar la atención y construir interés, y ambas están basadas en tu control de la comunicación de ventas y tu prospecto.

Lo que se hace es lo siguiente:

Tomas algún objeto cercano, tal vez un bolígrafo, un vaso, tu reloj, etc.—*algo que NO sea lo que vendes en la vida real*—y haces lo siguiente:

Pon la atención de tu prospecto en ti y entonces, mientras hablas acerca de una característica de un "producto", muéstrasela y guía su atención hacia esa característica del objeto. Su atención, dirigida de esta manera, se convierte en su "interés".

Escogiendo una característica cada vez, repite esto varias veces. Nota que puedes controlar la atención y que puedes convertirla en interés.

A pesar de ello, tu estudiante estará haciendo y diciendo cosas que están diseñadas para desconcertarte, para resistirse a tu intención de hacerle mirar a donde tú quieres que mire. Él puede presentar resistencia de inmediato o demorarse en hacerlo. Tú tendrás que trabajar con lo que sea que recibas y usando la comunicación o cualquier medio que tengas que usar para aun así hacer que mire a dónde quieres que mire.

Este entrenamiento se completa cuando sabes que puedes hacerlo, y lo has hecho, a pesar de la resistencia o las distracciones.

NOTA: Al "adiestrador" (prospecto) se le recuerda presentar solo un tipo de resistencia o distracción a la vez. Ayuda a tu compañero "vendedor" en el ejercicio para superar un punto a la vez.

EJERCICIO DE ENTRENAMIENTO DE VENTAS 2B

Acuse de recibo

Este ejercicio incrementará tu habilidad para verificar con tu prospecto que te comprende y está de acuerdo contigo en lo que estás diciendo.

Lo que se hace es lo siguiente:

Este ejercicio puede practicarse con o sin ninguna resistencia construida en él, al principio.

Primero, establece la atención e interés hablando solo acerca de UNA característica del producto que seleccionaste "vender." Una vez que ves que tienes la atención y el interés del prospecto bajo tu control *con respecto a esa sola característica*, detente y pregúntale a tu prospecto una de estas preguntas, o un fraseo propio similar:

"¿Cómo te ayudaría esta (nombra la característica)?" … O…

"¿Cómo podrías usar (nombra la característica)?" … O…

"¿Qué es lo que más te gusta acerca de (nombra la característica)?" …

Cada vez, espera, *escucha, comprende* y *ACUSA RECIBO* a su respuesta.

***

"**ACUSE DE RECIBO,** algo que se dice o hace para informar a otro que su declaración o acción se ha notado, comprendido y recibido.

Del libro, *Modern Management Technology Defined (Tecnología Moderna de Gerencia Definida),* por L. Ronald Hubbard.

***

NOTA: La manera de frasearlo puede variar, pero una vez que has hecho una pregunta que atrae el interés, siempre espera por una respuesta *a esa pregunta.* Observa y/o escucha a tu prospecto por cualquier señal de malentendido o incertidumbre. Clarifica lo que no se comprendió o es incierto y entonces verifica con tu prospecto que ahora comprenda esa característica particular y que esté preparado para continuar. Entonces regresas a la presentación de ventas *en el paso que consideres mejor.* (¡Esto podría significar regresar hasta el punto de la atención!)

SUGERENCIA: Fomenta respuestas a tus preguntas permitiendo a tu prospecto hablarte y entonces, usando *respuestas* cortas, hazle saber que sí escuchaste y que le comprendes. Esta breve comunicación demostrará tu interés en él, lo que va a ser de su agrado. Lo siguiente es, guiarlo de regreso a la "autopista" de tu presentación.

Este ejercicio de entrenamiento se completa cuando, con la ayuda de tu compañero, sabes que has mejorado tu habilidad para hacer preguntas y obtener respuestas de prospectos; que puedes producir una comprensión mejorada *con* tu prospecto; y que puedes proseguir con una transición suave y controlada de regreso a tu presentación de ventas.

***

Puedes relajarte, lo estás haciendo bien. ¡Mira hasta dónde has llegado en este punto! A continuación, una historia real de una de mis experiencias de ventas.

¡LE VENDÍ A UN TREN!

El año era 1976. Estaba yendo de oficina en oficina, vendiendo cajas de filetes de carne para una empresa de ventas y entrega de carnes al detal. La gente tomaba las cajas de carnes frescas a casa a sus congeladores al final de sus jornadas de trabajo.

Debido a que los productos se vendían frescos, los vendedores como yo ordenábamos por teléfono un día antes la carne que íbamos a vender a día siguiente. Recogíamos la carne temprano en la mañana y cargábamos nuestros productos en los camiones acondicionados para mantener las carnes empacadas frías hasta que se vendieran ese día. Si no se vendían todas las carnes ese día, comprábamos hielo seco en una hielera en el centro de Los Ángeles para proteger los productos durante la noche y así venderlos al día siguiente.

Había estado vendiendo carne por varias semanas y cada semana vendía toda la existencia de mis productos para el viernes por la noche, permitiéndome tener un fin de semana completo libre para pasarlo con mi esposa embarazada. Sin importar que cada semana ordenaba y vendía más y más cajas de filetes, siempre vendía todo para el viernes por la noche.

Esta semana no fue la excepción. El jueves en la noche ordené el doble de la cantidad usual que ordenaba normalmente para vender el viernes, porque estaba seguro que la vendería toda. Mi pedido incluía 40 cajas de filetes y 20 cajas de hamburguesas—Más de $1,000 de costo, lo cual sería un récord para el vendedor que lo vendiera todo en un día. No solo quería el récord, sino también agotar la existencia y tener un fin de semana libre.

Cuando coloqué mi pedido, no estaba consciente de que los meteorólogos pronosticaron un triste día lluvioso para Los Ángeles el viernes. Para cuando me fui a dormir, después de colocar mi pedido, la lluvia no había comenzado a caer.

Me desperté ante un poco usual, frío, viernes lluvioso en Los Ángeles y un enorme pedido de filetes y hamburguesas para recoger y vender de oficina en oficina.

Durante todo el día la lluvia fría continuó cayendo. Tenía frío, me mojé, me sequé y calenté varias veces para la hora del almuerzo; y entonces frío y mojado varias veces más a lo largo de la tarde. También vendí muchos filetes y hamburguesas—de hecho, 18 cajas de filetes y 9 cajas de hamburguesas—para las cinco de la tarde, el final del día de trabajo y de la semana de trabajo para la mayoría de las personas. Pero no había agotado mi existencia.

Nunca había entrado al fin de semana con producto excedente, teniendo que trabajar al siguiente día. Ahora parecía que tendría que trabajar el sábado por primera vez, aun cuando en la noche encontré algunos lugares industriales abiertos y vendí unos cuantos productos más a los trabajadores del turno de la noche.

Resignado a mi tarea del fin de semana, llamé a mi esposa a las diez del viernes por la noche y le dije que iba al centro a comprar algo de hielo seco. Le informé que llegaría tarde y que tendría que vender el sábado. Decepcionada, ella lo comprendió.

Cuando me retiraba del andén de carga de la compañía de hielo en la avenida Alameda y me dirigí a la rampa de la autopista para irme a casa, conduje lentamente. Mis ventas eran más altas que nunca para un día, pero no había vendido todo. Estaba cansado, hambriento, mojado por la lluvia y decepcionado.

El semáforo delante de mí cambió a rojo. Me detuve y observé que igualmente se detuvo, una locomotora negra que se movía lentamente junto a mí. (Las locomotoras de tren de mercancías eran comunes en la avenida Alameda. Trasladaban los vagones de carga de un negocio a otro de noche en los rieles al lado de la vía. Esta era la sección industrial de la ciudad).

Pensando en lo que un gerente de ventas me dijo una vez, bajé mi ventana y alcancé a ver a través de la oscuridad y la lluvia hacia la ventana abierta del ingeniero de la locomotora.

Las palabras de mi mentor resonaban en mi cabeza, "Cuando estés vendiendo y te encuentres cansado y vencido, ese es el momento para pedirle a una persona más que compre". Su consejo me urgió a continuar, mientras espiaba su brazo derecho afuera de su ventana—su cara escondida en la oscuridad de la cabina del tren.

Le grité al ingeniero por encima del ruido de su motor detenido, "¿Te gusta comer filetes?"

Sacó su cabeza y me miró. "¿Qué?" preguntó.

"¿Te gusta comer filetes—filetes de carne?" Le repetí tan fuerte como podía.

Mirándome, señaló con el dedo hacia un patio de depósito de carga a 150 metros y dijo, "Sígueme."

La luz del semáforo cambió a verde, y el motor del tren rugió nuevamente. Ya que no había nadie detrás de mí, mantuve un paso lento con el tren y, después de una distancia corta, giré fuera de la avenida pavimentada hacia el estacionamiento junto al depósito.

El ingeniero estacionó el tren y bajó de la cabina. Caminó hacia mi vehículo mientras yo saltaba, caminé a la parte de atrás de mi camión y abrí las puertas traseras y la puerta de la cava congeladora para ver qué carnes tenía adentro.

"¿Cuánto tienes allí?" me preguntó, dándome la mano.

"Yo conté 21 cajas de filetes y 10 cajas de hamburguesas".

"Pongámoslas en mi camión." Él tomó un par de cajas y caminó hacia su camioneta. Confié en él. Cargamos todo lo que yo tenía en su camioneta.

Entonces sacó una enorme paca de efectivo de su bolsillo y preguntó, "¿Cuánto te debo, hijo?"

Sumé toda la cantidad de todo lo que me quedaba—más de $600—y me pagó con seis billetes de cien dólares, más el extra, en el acto.

Resistiéndome a poner una gran sonrisa, le agradecí al ingeniero con otro apretón de manos después de guardarme los billetes en el bolsillo, y entonces, porque tenía curiosidad, le pregunté por qué necesitaba tantos filetes.

"Mi esposa acaba de regresar del doctor hoy, quien le dijo que necesitaba comenzar una dieta solo de proteína para manejar una condición médica de peso. Eres la respuesta a sus plegarias, hijo".

Casi lloro.

Nos dimos las manos otra vez, sintiéndonos muy bien acerca de habernos conocido. Había encontrado la manera de ayudar a su esposa enferma, y, una vez más, había vendido toda mi existencia en un viernes por la noche.

De vuelta en mi camión, le agradecí a mi mentor de ventas, dondequiera que estuviera.

No podía esperar a llegar a casa y sorprender a mi esposa con las buenas noticias. En la autopista, mi sonrisa no desaparecía. Estaba pensando *nadie va a creerme el lunes en la mañana en la reunión semanal de ventas ¡que acababa de venderle [a] un tren!*

PASO TRES:
¡HAZ QUE ALCANCEN!

Una vez que has puesto la atención e interés del prospecto bajo tu control, el siguiente paso es mover tu presentación de ventas hacia adelante para incluir una necesidad, un deseo, en él por tu producto o servicio. Si no mueves a tu prospecto más allá del interés en el camino que ambos están transitando, probablemente encararás o escucharás esto:

"Continua. Estoy escuchando." O, "Bien, eso es interesante". —un prospecto aburrido.

Incluso un prospecto que desde el comienzo haya comenzado el viaje con un fuerte interés, puede retirarse hasta un nivel de interés más conservador, o uno que se acerque al aburrimiento, o peor, si no le das algo más que alcanzar. Si estás escuchando esto, "Bueno, eso es interesante, pero..." o, "Interesante. Déjame tu tarjeta y te llamaré de vuelta". — Estas son señales que no solo perdiste su interés antes, sino que también perdiste el control de toda la presentación. Habiendo perdido el control, encontrarás que su interés se moverá hacia un punto donde *no hay más tiempo o atención para ti*. Son palabras duras, seguro, pero, afortunadamente, no se ha perdido todo. Puedes recuperar el control de su atención e interés cambiando las palabras de tu canto: hablando o indicándole acerca de algo *más allá de* tu producto o servicio. La verdad es, que tienes las herramientas para revertir la tendencia. Todo lo que tienes que encontrar es una manera de descubrir, crear, mantener y expandir el "deseo" (lo que quiere) de tu prospecto por lo que le estás ofreciendo.

Define la Palabra Clave "DESEO" *

Definición de DESEO...

...1
: anhelar o esperar : exhibir o sentir deseo por algo...

2
a: expresar un deseo por: SOLICITAR...
... tener o sentir un deseo...

... Origen de la palabra DESEO

La palabra deseo viene del latín *desidium* "ociosidad, deseo", del latín clásico *desidia*, "ociosidad, pereza"- *desiderare* "echar de menos", *sideris "astro" con el prefijo de-* "mirar los astros, contemplar"
Primer uso conocido: siglo 13

*"Por permiso. *Diccionario Etimológico (*www.etimologias.dechile.net)".

MODISMOS: ninguno. **SINÓNIMOS:** deseo, anhelo, necesidad, apetecer, ansiar.

***

¿Cuándo y cómo sabría que el prospecto *desea* sus productos, bienes o servicios?

La manifestación de deseo del prospecto por su producto o servicio (cómo se ve) es *alguien que literalmente está alcanzando por* (moviéndose hacia o preguntando acerca de) lo que se ofrece. En otras palabras, *cuando los acompañas con atención e interés*, tu prospecto expresa una necesidad mediante su alcance por lo que estás vendiendo.

SUGERENCIA: La buena noticia es que solo hay dos maneras en las que un prospecto puede alcanzar: verbal o físicamente. Él va a preguntarle algo acerca del producto o servicio; o va a alcanzar físicamente, tal vez inclusive levantar, lo que estás vendiendo. Obviamente, si estás vendiendo por teléfono o por otro medio donde no estás presente frente a tu prospecto, el alcance va a ser verbal.

Lo que haces con ese alcance, viene después; por ahora, tenemos que estudiar cómo crear un alcance.

¿Su prospecto alcanza por el producto o servicio, o algo más? ¿qué quiere él *aparentemente*? ¿qué está *realmente* alcanzando?

Pensar que un prospecto alcanza solo por el producto o servicio es un *error* que muchos vendedores cometen, inclusive profesionales expertos de entrenamiento de ventas y consultores de ventas. Si eso fuera cierto, un fabricante tendría que producir solo el producto superior en su industria y tendría todo el negocio. Después de todo, su producto ES el mejor, ¿no es así?

Aun así, la Avenida Madison ha sido capaz de poner a rodar nuevos productos por más de 100 años, establecer nuevas marcas, persuadir cambios de marcas y crear nuevas lealtades de los consumidores SIN vender el "producto" como tal sino más bien, vendiendo sus "ventajas". ¿POR QUÉ es esto?

La respuesta es simple: *un prospecto realmente alcanza por lo que él tendrá u obtendrá al poseer, adueñarse o controlar lo que compra.* No se trata del objeto o servicio, sino acerca de lo que puede obtener por el simple hecho de tenerlo, poseerlo y/o adueñarse del objeto (o servicio).

La gente quiere poseer lo que compra por distintas razones. Una mujer puede comprar cosméticos para verse más linda, sentirse más linda, impresionar a otro, proteger su piel, sentirse grande si es una niña pequeña o esconder una cicatriz—cualquiera de los miles de razones. Esos son solo unos pocos ejemplos. ¿Puedes pensar acerca de otras razones físicas, emocionales, lógicas—

inclusive ilógicas o irracionales—por las que una mujer compraría cosméticos?

La gente compra lo que PIENSA, SIENTE o PERCIBE que quiere tener. O lo que piensa, siente o percibe les ayudará a evitar lo que no quiere. ¡Un boleto para un evento deportivo, un boleto para el cine o un boleto para un crucero, prometen escape a nuevos lugares! ¡inclusive un buen libro transporta! ¡la entrada en una carrera de un maratón garantiza sensación, dolor, pérdida... pero quizás regocijo y victoria... un trofeo o reconocimiento!

SUGERENCIA: ¡Siempre véndele al prospecto justo frente de ti! Lo que TÚ piensas o sientes que es la razón por la que el prospecto te comprará, puede *que* sea o no la razón real por la que hace la compra.

¿Alguna vez has experimentado esto? ¿alguna vez le preguntaste a un prospecto *después* de que te hizo una compra POR QUÉ te compró? ¡Te sorprenderían algunas de sus razones! ¡también te sorprendería cuánta gente te compra por tratarse de ti! ¡pero en la mayoría de los casos tendrías que preguntar para averiguar eso!

¿Recuerdas al ingeniero del tren? ¡Nunca habría pensado que la razón por la que quería comprar toda la carne que me quedaba era una prescripción del doctor de su esposa para comer solo proteínas para proteger su salud!

Sin importar lo que piense, su prospecto puede pensar otra cosa. A pesar de ello, si tocas una fibra o se aproxima a lo que él piensa o siente que necesita o quiere, le venderás a ese prospecto. Pero... ¿sabrás POR QUÉ?

Tal vez, tal vez no.

¿Cuán importante es establecer y mantener una comunicación de ventas real donde se pueda dar y a la vez recibir comunicación con su prospecto?

La respuesta es: MUY IMPORTANTE. Porque, al ponerlo en la balanza, el fundamento más básico de todas las ventas es la comunicación y los efectos que produce: comprensión, un acuerdo y el intercambio que genera comisiones. Mientras más fácil y eficientemente se pueda lograr este fin, mejor.

Hay una conexión muy real entre el hecho de una comunicación de ventas y cuanto la calidad de tu comunicación determina el promedio de cierres y el grado de éxito como vendedor. La verdad sea dicha, tomaría un libro completo explorar el cuerpo mayor de información disponible sobre ese tema. La buena noticia es que una vez que hayas completado este libro y el entrenamiento estarás calificado para mis siguientes libros, el segundo y tercero en esta serie que abordarán en profundidad cuanto la comunicación afecta no solo la venta, sino también la relación interpersonal del prospecto convertido en cliente y el vendedor—un tema que conduce directamente a mejores relaciones fuera de la misma presentación de ventas, incluyendo la generación de oportunidades y recolección de referidos.

La calidad de la comunicación de ventas—cuan bien se conecta con lo que sucede dentro de la cabeza y corazón del prospecto—determina el éxito final en las ventas. He aquí el POR QUÉ: ¡el prospecto quiere el resultado de adueñarse o poseer un producto, no el mero producto! ¡Las comunicaciones importantes y artísticas no pueden ser ignoradas! Ayudan al prospecto a percibir lo que puede tener y alcanzar en conexión con tu oferta más rápidamente.

Tal vez, para un hombre, su cara bien afeitada satisface el amor de una mujer que considera que podría ser su esposa algún día. Tal vez, ella está más dispuesta a acercarse a él. ¡Sin importar lo que diga el dicho, el amor no es totalmente ciego!

Tal vez el incremento de la línea de fondo de las ganancias de un negocio impulsa la compra de un prospecto potencial sobre una nueva campaña de mercadeo. Tal vez la emoción de manejar un carro realmente atractivo con un sistema de sonido escandaloso... o paz mental, seguridad en la vía, ahorro en el consumo de gasolina, etc., etc.... logra la compra de un carro para el vendedor de carros y el concesionario.

Para el prospecto, el producto es casi una segunda consideración, excepto como medio para tener lo que *realmente* quiere. Si puedes captar su atención, te comunicas claramente y señalas suficientes ventajas deseables que pudiera posiblemente derivar de poseer y controlar lo que sea que estás ofreciendo, él lo querrá (lo deseará) y entonces alcanzará.

¿Cuántas ventajas son suficientes para contar? ¡Es suficiente cuando logras tocar la que hace que el prospecto alcance!

Hasta que el prospecto haya alcanzado verbal o físicamente por su oferta, bajo su control consciente, no lo habrá movido desde interés hasta el deseo. A veces, llegarás a pensar que lo lograste, porque habrán "alcances falsos" tentativos— intentos por controlarte disfrazados de un alcance genuino—del prospecto; estos, a pesar de ello, no estarán acompañados de atención e interés real, las cuales son dos cosas que puedes observar.

Un control consciente y la destreza para ejecutarlo es de lo que se trata este enfoque de ventas. Depende de TI atraer la atención, convertirla en interés y señalar los efectos deseables que tienen suficiente significado para el prospecto frente a ti para que entonces pueda decidir querer y alcanzar tu oferta. Debes comunicar razones—lógicas o no; emocionales o no; intelectuales o no; personales, estrictamente de negocios o no—que hacen deseables tus productos o servicios lo suficiente para que el prospecto quiera poseerlos y controlarlos.

La mejor manera que conozco para hacer eso es ayudarle a comunicarse como un artista con una comunicación de ventas. Da Vinci estaba en lo correcto: "La simplicidad es la máxima sofisticación".

***

Para provocar el alcance debes señalar los beneficios *deseables* que pueden derivarse de poseer el producto o servicio. Estas razones deben ser comprendidas por su prospecto. Para hacer eso, necesitará saber, *antes* de presentarse para su presentación real de ventas, los diferentes beneficios específicos ofrecidos por su producto o servicio. Más importante aún, primero tendrás que saber qué ES un beneficio y cómo uno de ellos difiere de las características del producto o servicio, las cuales, como sabemos ahora, solo crean interés.

Define la Palabra Clave "BENEFICIO" *

... Definición de BENEFICIO...

...2
a: algo que promueve bienestar: VENTAJA
b: asistencia útil: AYUDA...

...4
: ganancia que se obtiene de una inversión...

... Origen de la palabra BENEFICIO

La palabra beneficio viene del latín *beneficium*
"bien que se hace o se recibe". Sus componentes
léxicos son *bene* (bueno), *facere* (hacer) más el
sufijo -icio (relación, pertenencia).
Primer uso conocido: antes del siglo 14

"Por permiso. *Diccionario
Etimológico (*www.etimologias.dechile.net)".

ALGUNOS MODISMOS DE BENEFICIO:

beneficiarse por algo y beneficiarse de algo

sacar provecho o ganar por algo.

por el bien de uno (propio)

para el beneficio o bien de uno; en honor a
alguien.

de beneficio (para alguien)

que sirve a alguien bien; por el bien de alguien.

SINÓNIMOS: ninguno.

***

EJERCICIO DE ENTRENAMIENTO DE VENTAS 3:

Beneficios

Lo que se hace es lo siguiente:

Escribe varios beneficios deseables y efectos beneficiosos que alguien podría obtener como resultado de poseer un objeto simple localizado cerca de ti—tal vez un cuaderno, un bolígrafo, un reloj; algo que usarás en el próximo ejercicio de entrenamiento.

Amplía tu imaginación aquí. No olvides el lado contrario: las cosas que el prospecto podría desear evitar. Recuerda, las razones para comprar de tu prospecto pueden estar mucho más allá de lo que piensas que son o deberían ser. Olvídate de ser lógico solamente; la gente es peculiar y no siempre es lógica. Algunas veces las emociones, positivas y negativas, mandan. Sé creativo con lo que escribes. Usa el espacio en blanco abajo para escribir los beneficios que podrías usar en el siguiente ejercicio. Si necesitas papel adicional, obtenlo y sigue escribiendo.

Este ejercicio de entrenamiento se completa cuando sientes que estás listo y armado para abordar el próximo ejercicio con bastantes beneficios escritos.

EJERCICIO DE ENTRENAMIENTO DE VENTAS 3A:

Discutiendo los beneficios

Sólo para este ejercicio, selecciona un objeto para "vender," entonces comienza de una vez comunicando *solo sus beneficios*. No tienes que establecer formalmente los pasos previos de captar la atención e interés.

Observa a tu prospecto cuando le dices diferentes beneficios, uno a la vez. Los beneficios por sí solos algunas veces crean un alcance genuino. Hay una "magia" * qué puedes encontrar que sucede cuando inicias este ejercicio. Su apariencia puede tener algo que ver con la manera que expresas los beneficios (cómo los dices). Puede que no seas capaz de "ver" lo que hace que suceda la magia.

Lo que se hace es lo siguiente:

SÓLO Le dices al "prospecto" (compañero) los beneficios o efectos deseables que puede tener al poseer tu producto o servicio. Continua esta actividad solo hasta que provoques en tu prospecto un *deseo natural, consciente por alcanzar, y el alcance mismo*.

Tu compañero debe, a su vez, sentirse *obligado a alcanzar* por el/los beneficio(s) que presentaste(s), antes de alcanzar, *debido a que algo que hiciste o dijiste hizo que quisiera alcanzar.* En otras palabras, debes crear el alcance por ello para que sea válido. Esto es verificable preguntándole a tu prospecto/compañero, "¿Alcanzaste *a causa de* lo que dije o hice?" Se pregunta cada vez que creas un alcance. Si la respuesta es "no", sigue trabajando en el ejercicio.

¡Un "alcance" autentico, puede ser meramente una objeción enmascarada! Debes observar y decidir cuál te está ofreciendo tu prospecto. A pesar de esto, sólo un reconocimiento de qué tipo de respuesta es, no el manejo de las objeciones, es todo lo que se espera de ti aquí.

Si bien es una suerte que los prospectos alcancen de dos maneras solamente, también hay dos tipos de alcances: verdadero y falso. En este ejercicio los significados son menos importantes que cualquier otra cosa que haga que el alcance ocurra. Y los alcances vienen vestidos con atención e interés auténticos (verdadero alcance) o en trajes relucientes diseñados para aprovecharse de ti (alcance falso). Eso incluye preguntar cuál es el precio.

Este ejercicio de entrenamiento se completa cuando sabes que has suscitado varios alcances genuinos de tu prospecto con tan SOLO comunicarle los beneficios.

*la magia: tu compañero solo *tiene que* alcanzar, ¡y ninguno de ustedes puede explicarse por qué!

EJERCICIO DE ENTRENAMIENTO DE VENTAS 3B:

Construir el deseo a pesar de la resistencia.

Al igual que con los ejercicios anteriores, a esta segunda parte se le añade resistencia y distracciones de tu compañero. Crear y mantener intacta la atención e interés del prospecto vuelve a entrar en juego en esta parte. Ambos pasos de presentación juegan una parte definitiva al hacer este ejercicio correctamente.

Lo que se hace es lo siguiente:

Abordas a tu prospecto con lo que atrae su atención y entonces estableces su interés lo suficiente para presentar los posibles beneficios. Hablando acerca de los beneficios solamente, trabajas por el alcance y observas cuando se produce en medio de la resistencia y las distracciones.

Tu prospecto usa resistencia física y verbal y distracciones para evitar alcanzar. También puede emplear una combinación de ambos, pero siempre en el interés de mejorar tu destreza y certeza. Sus alcances verbales pueden ser legítimos o pueden ser objeciones enmascaradas como alcance real. Debes observar, decidir y manejar acordemente.

Cualquier alcance para ser válido debe ser acompañado por una atención e interés genuinos; de otra forma, el "alcance" es un intento por el prospecto para controlarte. Los intentos por controlarte no son alcances genuinos y pueden ser ignorados. A pesar de ello, puede requerirse, a veces, algún manejo para mantener la comunicación de ventas intacta.

Los alcances falsos en las ventas son señales que una o más de las anteriores condiciones vitales están faltando—la atención, el interés o ambas. Puede haber una palabra o idea que dijiste, que tu prospecto malentendió, que necesita clarificarse. El manejo correcto de tal situación es ir a un punto anterior, y con comunicación, descubrir qué se pasó por alto, manejarlo rápidamente y entonces, paso a paso, traer a tu prospecto a un deseo y alcance real.

SUGERENCIA: Llegar al punto del deseo puede ocurrir lenta o rápidamente en situaciones reales y en vivo. Los prospectos deben presentar ambas situaciones de cambio rápido y lento para realzar aún más las destrezas del vendedor. ¡La clarificación en sí misma puede también traer al prospecto de vuelta al deseo!

Este ejercicio de entrenamiento se completa cuando has incrementado tu certeza para poder suscitar muchos alcances de prospectos, a pesar de sus resistencias y sin desconcertarte, confundirte o perder el control; y que puedas identificar los alcances verdaderos de los falsos y seas capaz de manejarlos sin problemas y poner a tu prospecto de vuelta en el riel contigo.

PASO CUATRO:

¡EL PUNTO IDEAL!

Cuando tu prospecto alcanza con atención legítima e interés, lo has traído al paso del "deseo". Este es el lugar más delicioso que ocupar en tu presentación de ventas, ¡porque cualquier prospecto en deseo *(alcanzando) puede y debe pedírsele* inmediatamente que compre! Cuando ha alcanzado, *el no* pedirle a tu prospecto que compre puede echar por la borda los pasos anteriores o perder una venta en su totalidad.

El tiempo juega un rol menor en este enfoque de ventas. Los prospectos siempre pasarán a través de estos pasos, ¡pero eso no significa que sean incapaces de moverse rápidamente a través de ellos!

El vendedor afortunado es aquel que encuentra a su prospecto expresándole casi de inmediato, "Me gusta lo que has hecho por nosotros en el pasado, comencemos..." o... "El momento es correcto para algo nuevo; podemos comprarlo ahora..." o... "Si el costo es más o menos el mismo, ¡inscríbeme!"

Habiendo aprendido y ejercitado estos pasos fundamentales, el vendedor, al escuchar eso, redactaría el trato. Él reconocería que la atención, el interés y el deseo estaban presentes y que simplemente pedirle el trato y escribirlo es lo que se debe hacer. El vendedor no conocedor, no entrenado con este enfoque de ventas se perdería la oportunidad de cerrar y tendería a arruinar la venta.

DATO IMPORTANTE: *Cualquier prospecto, cuya atención e interés estén bajo su control, que alcance física o verbalmente por el producto, los bienes o servicios ofrecidos... se le puede y debe pedírsele que compre inmediatamente.*

¡Ganan más ventas los vendedores que comprenden la importancia de ese dato! ¡Pierden más ventas los vendedores que no comprenden la importancia de ese dato!

Todo el punto de la comunicación de ventas es hacer que el prospecto alcance para que se le pueda pedir que compre y, al recibir una respuesta favorable, cerrar la venta. Una vez que está alcanzando, se le debe permitir al prospecto—inclusive ayudarle—convertirse en un comprador. ¡Se le debes permitir al comprador comprar, o, al menos, haz que le sea fácil comprar!

CONSEJO IMPORTANTE: Tú eres el vendedor, pero el prospecto debe convertirse en el comprador para que compre. Los vendedores venden, pero solo los compradores compran.

PASO CINCO:

¡CIERRALO!

¿Qué es un "cierre"? ¿Qué es "cerrar la venta?" ¿Cómo y cuándo uno cierra una venta? ¿Qué hace el vendedor en el paso del cierre? ¿Cómo y por qué los "mejores" vendedores hacen más cierres que otros? *¿Qué hace tu prospecto en el paso del cierre?*

Define la Palabra Clave "CERRAR" *

... Definición de CERRAR...

...3
a: traer a un fin o punto...
b: concluir una discusión o negociación acerca de algo...; *también*: consumar realizando algo previamente acordado...
c: terminar el acceso (de un archivo o programa computarizado)

4
a: traer o unir las partes o bordes de algo...
b: llenar (como una abertura) ...
... d: reducir a cero...

...1

a: contraer, doblar, girar o deslizar como para no dejar aberturas...

b: cesar operaciones...

...3

a: REUNIRSE...

...4

: entrar o completar un acuerdo...

...5

: llegar a un fin o punto...

... Origen de la palabra CERRAR

El verbo cerrar viene del latín *serrare y este de sera,* cerrojo, la palabra *sera lleva raíces indoeuropeas* ser- *(conducir alinear), presente en serere* (entretejer, encadenar).
Primer uso conocido: siglo 13...

"Por permiso. *Diccionario Etimológico (*www.etimologias.dechile.net)".

MODISMOS: ninguno.

SINÓNIMOS: terminar, concluir, finalizar

***

Lo que se comenzó con el prospecto debe cerrarse o finalizarse con su prospecto. La presentación de ventas se abrió en el comienzo y debe cerrarse al final. ¿Recuerdas la progresión de una superautopista a una vía, a una calle ciega estrecha? Eso aplica aquí en este paso *más importante* del camino.

Una analogía frecuentemente usada es un embudo. Un embudo está muy abierto en un extremo y es pequeño y estrecho en el otro extremo. Con solo suficiente espacio para una persona a la vez para que pase a través del extremo final, ¿quién va primero? Si respondiste, "mi prospecto," estabas en lo correcto. "Los vendedores venden, pero solo los compradores compran—el comprador es tu prospecto.

Lo que *comenzó* con la atención presente fue una comunicación de ventas entre dos o más personas. Se transmitieron entonces datos o ideas, ida y vuelta, con comprensiones emitidas en ambas terminales de la línea de comunicación de ventas. El resultado fue que, como vendedor, creaste en el prospecto el deseo por poseer los beneficios de su producto o servicio. Lo que sucede después tiene dos partes: un acuerdo y un intercambio entre el prospecto y tú.

En muchos más casos, lo que sella el acuerdo e intercambio tendrá que ser iniciado por ti, *pero concluirá solo después que el comprador (tu prospecto) ha decidido comprar.* En otras palabras, una vez más, los vendedores venden, pero solo los compradores compran y esa ES la *realidad real* de las ventas cerradas; cualquier otra cosa es meramente una ilusión.

Los vendedores venden, pero los compradores compran, es la regla férrea de las ventas.

¿Qué mecanismo está disponible para ayudarle a convertir a su prospecto en un comprador y, así, cerrar la venta?

Quizás, la siguiente historia verdadera arrojará alguna luz sobre el tema de cómo cerrar una venta.

LA DEFINICIÓN DE

UN MILLÓN DE DÓLARES

Nuestro personal de ventas estaba sentado en la mesa de juntas y esperaban por el gerente de ventas para comenzar la reunión semanal de ventas. El ruido de nuestras conversaciones se había vuelto alto para el momento en que él entró a la sala.

Bob se movió rápidamente hasta la mesa, golpeó su mano sobre ella y gritó, "Caballeros, ¡CÁLLENSE!"

Podías escuchar a un alfiler caer en el cuarto mientras esperábamos por sus próximas palabras.

"Caballeros, eso es lo que tienen que aprender a hacer, si esperan cerrar ventas aquí. Y si no pueden aprender eso, por favor váyanse". Señaló hacia la puerta y esperó.

"Allí está la puerta, caballeros, para cualquiera que no esté dispuesto a aprender lo que estoy a punto de enseñarles hoy... porque por lo que se ve por sus estadísticas de ventas, necesitan aprender algo".

Nadie se levantó ni se retiró. Nos acomodamos en nuestros asientos.

Bob continuó.

"Caballeros, cuando les piden a sus prospectos que compren algo, ustedes deben ser la última persona en decir algo. Ni una palabra de ustedes. La primera persona que hable hace la compra, y quieres que esa persona sea tu prospecto, no tú".

Durante el resto de la reunión, Bob discutió la producción de ventas de cada vendedor. Estábamos avergonzados. Seguidamente, estableció nuestra meta de la semana, nos deseó bien y cerró la reunión saliendo de la sala.

Antes de irse, a pesar de eso, me dijo que lo acompañara a su oficina. Pensé que me iba a despedir. Yo no había vendido mucho, aún.

Adentro de su espaciosa oficina, Bob me dijo que me sentara. Me senté en la única silla disponible, desde donde podía ver dos objetos relucientes en su gran escritorio: dos lingotes de oro muy reales. (2 X 438.9 onzas, hoy valoradas en unos $1,404, 480).

Yo me encogí y subí la mirada. Inesperadamente, tuvo palabras amables para mí.

"Kule, sé que puedes ser un buen vendedor. He visto tu currículum. Pero necesitas aprender algo que probablemente no sabes, así que toma notas".

Tomé una libreta de papel y un bolígrafo y comencé a escribir.

"'Una pregunta de cierre es...' (Más adelante. Sigue leyendo).

"Y esa es la definición de una pregunta de cierre que aprendí de alguien más, que me permitió comprarme estas dos barras de oro, Kule. Adelante, levanta una".

¡Era brillante y era pesada! Estaba impresionado. Entonces me contó la historia completa de la venta que hizo, que le dio el oro. Después de tantos años, los detalles están aún tan claros como el repique de una campana, pero lo principal fue que se trató de una venta muy grande y complicada, que le valió una espléndida comisión.

***

Bob intentó cerrar al prospecto en su oficina varias veces sin tener éxito. Entonces, un día le sugirió que desayunaran juntos en una cafetería... y que él le invitaba. El prospecto estuvo de acuerdo. En el día programado, los dos caballeros se sentaron uno frente al otro en Beverly Hills, California. Bob le recordó a su prospecto que él invitaba y le dijo que ordenara lo que quisiera para desayunar.

El hombre pidió una comida completa, incluyendo bistec con huevos, croquetas de papas, café, jugo de naranja y un bagel untado de mantequilla y queso crema. Bob aún no se había decidido sobre el menú. Le dijo a la mesonera que continuara e hiciera el pedido del hombre en la cocina.

Los dos hombres hablaron cordialmente durante un rato. Cuando llegó el desayuno, invitó al prospecto a proseguir y que comenzara a comer. Cuando la mesonera preguntó por el pedido de Bob, respondió—¿pueden adivinar cuál fue su respuesta?

"Café negro". No estoy bromeando.

Bob ni siquiera esperó hasta que la mesonera le sirviera la taza, para comenzar con su rápido resumen del argumento que ya había presentado al hombre anteriormente. Él quería llevar el trato a un cierre con su bien alimentado y bien informado prospecto—ahora adentrado en bocados de bistec y huevos—para cuando terminara de desayunar. La verdadera técnica de cierre que selló el negocio para siempre fue una para la historia: Bob sacó una paca bastante considerable de billetes de cien dólares y los abanicó frente al prospecto.

"Señor, le he dicho todo lo que he podido. Ahora, cada minuto que pasa sin una respuesta es como perder cien dólares. ¿Cuánto vale eso para usted?" preguntó (una pregunta de cierre).

Mientras el hombre se comía su desayuno, Bob sacó un encendedor y procedió a QUEMAR—*¡sí, quemar con una llama!* —billetes de cien dólares, uno a la vez, silenciosamente, hasta que el prospecto no pudo soportarlo más. Con una

respuesta afirmativa en voz alta, le respondió a Bob,
"¡TENEMOS UN TRATO! ¡POR FAVOR, DEJA
DE QUEMAR EL DINERO!"

***

Historia verdadera. Bob se ganó sus lingotes de
oro ese día. Este día me enseñaría una lección que
cambiaría toda mi carrera de ventas para siempre.

Una vez que había escrito la definición
completa, Bob compartió conmigo (y, más tarde,
hizo que le dijera) ejemplos de preguntas de cierre,
hasta que estaba satisfecho que yo comprendía el
concepto.

"Ahora, Kule, quiero que salgas y encuentres a
un prospecto y le presentes nuestro producto (una
máquina no-electrónica de pinball hecha para
tabernas y canchas de bolos. Cuando esté interesado
y alcanzando por nuestro producto, hazle una
pregunta de cierre, de acuerdo a la definición que
acabo de darte. No quiero que digas *nada en
absoluto* hasta que se responda tu
pregunta. Inclusive si pierdes la venta, quiero que
no digas nada, sin importar cuanto tiempo tome o
qué haga, hasta que responda a tu pregunta, ¿de
acuerdo?" (¡Poco sabía yo que acababa de hacerme
una pregunta de cierre!)

"Sí señor. Puedo hacer eso".

"Bien entonces. Ahora ve a hacer eso y mañana
tendremos otra conversación".

Salí de la oficina de Bob, con ganas de encontrar a un prospecto, un dueño de una taberna. Habiendo programado una cita para encontrarme con uno, más tarde ese día nos sentamos en una de las mesas de coctel en el lugar.

Durante mi presentación de ventas, repartidores trajeron bebidas y comida, lo cual requirió que esperara mientras el dueño de la taberna se iba a pagarles. Mientras preparaban el lugar antes de la llegada de los clientes para el almuerzo, sus mesoneras nos observaban hablar.

Eventualmente, logré pasar a través de la mayoría de mi argumentación y no había más que hacer para mí, excepto hacerle una pregunta de cierre.

"¿Usted preferiría pagar en efectivo o financiar su compra?" Le pregunté.

El propietario me miró por un largo minuto. Sonreí; satisfecho de ver lo que se desarrollaría antes de decir otra palabra.

Miró los papeles del contrato, los recogió y los volvió a poner, miró a algunas de las mesoneras y entonces me miró a mí otra vez. Transcurrieron varios minutos.

Vino otro repartidor y necesitaba que se le pagara. Mi prospecto se levantó, se alejó y le pagó, mirándome a mí cada tanto segundo. Cada vez, veía que le estaba prestando atención, sonriendo y confiado donde estaba sentado.

Caminó de vuelta y se sentó. Lo miré sin decir una palabra. Sus ojos cambiaron de mí al contrato a las muchachas; de vuelta al contrato y de vuelta a mí varias veces. Habían transcurrido 20 minutos desde que hice mi pregunta de cierre. Entonces habló.

"¿Me podrías explicar los términos del financiamiento otra vez?"

"Seguro", le dije. Le expliqué el financiamiento *y entonces le hice la misma pregunta de cierre.*

Él se quedó en silencio. Se me quedó mirando, a mi sonrisa. Se levantó y caminó hacia su caja registradora. Abrió una gaveta y contó todo el efectivo. Cerró la gaveta. Me observaba todo el tiempo, y yo lo observaba a él. Inclusive le explicó el producto que le estaba vendiendo a una cuantas, de las mesoneras, después de que una le preguntó qué estaba haciendo.

Unos 45 minutos completos después de haber preguntado mi pregunta de cierre la primera vez, caminó de vuelta a nuestra mesa, se sentó y dijo, "Lo financiaré".

Sin decir nada, le di la vuelta al contrato, tomé mi bolígrafo y se lo entregué. Lo tomó y firmó el contrato, después de lo cual inmediatamente estreché su mano y le dije, "¡Felicitaciones! Me aseguraré que nuestra máquina se le entregue de inmediato al aprobarse".

Se relajó y me relajé. Sonreí ampliamente. ¡Acababa de ganarme una comisión de $800 por una hora de silencio! Más importante aún, la lección de la pregunta de cierre se grabó profundamente en mi cerebro y en mis huesos, y nunca la perdería de vista otra vez, cerrando millones en ventas después de ese día.

La lección de Bob funcionó. Mientras que la definición de una pregunta de cierre fue importante, la pregunta misma tenía que venir seguida por un silencio absoluto del vendedor. Hasta que la pregunta de cierre hecha fuera respondida, me di cuenta, sin importar cuanto tiempo transcurriera, o qué sucediera, solo mi silencio alguna vez obtendría la respuesta que cerraría cualquier venta: la que *confirma la venta*.

Mi aplicación de la definición de Bob de una pregunta de cierre, que estás a punto de aprender por primera vez, le devengó a compañías a las que posteriormente representé, decenas de millones de dólares en ventas; y para mí más de un millón de dólares en comisiones de ventas. Esta única definición por sí sola, ahora suya para conocer y usar como desees—es la definición del millón de dólares.

Eres afortunado, ¡porque aquí viene!

LA PREGUNTA DE CIERRE

La mejor herramienta que tendrás alguna vez para cerrar algún trato de ventas es la "Pregunta de Cierre". ¡La siguiente definición es por mucho el dato más gratificante que jamás haya aprendido, usado como vendedor o enseñado a mis aprendices! Si me preguntas, "¿dónde está el queso de la tostada?" ¡aquí está!

Frase de la palabra clave: LA PREGUNTA DE CIERRE

"Una pregunta de cierre es cualquier pregunta cuya respuesta *confirme* el hecho de que el comprador ha comprado".

Una pregunta de cierre le pide al prospecto considerar lo que se ha comunicado entre tú y él a través de todos los pasos de la presentación que condujeron e incluyeron el deseo. Qué atrajo su atención e interés; qué efectos deseables percibió de poseer o tener los productos, bienes o servicio que está en venta; qué otros pensamientos no expresados tenían en el tema de tu oferta de producto o servicio trabajarán a tu favor, *si haces una pregunta de cierre.*

Al hacer una pregunta de cierre, frente a un vendedor silencioso, un comprador debe considerar la compra, tomar una decisión de comprar o no el producto y entonces comunicar su decisión al vendedor. Él debe, en otras palabras, convertirse en un comprador.

Para cualquier vendedor, incluyéndote a TI, este *es el* paso crucial a manejar correctamente, porque, manejado correctamente, la compra y venta cerrada que estás buscando, sucederá más a menudo que lo contrario.

Podrías querer aclarar las definiciones de cada palabra en la definición de una pregunta de cierre. Y entonces escribir unas cuantas oraciones que usen la frase. Aunque esto es opcional, encontré muchos beneficios al hacer esta acción.

Recuerda estos datos: el vendedor vende, pero el comprador compra. Nadie jamás compra el producto por el comprador más que el mismo comprador. La *ilusión* es que el vendedor le vende un producto o servicio a un prospecto, pero esta no es la *realidad verdadera, no es objetivamente correcta.*

El vendedor vende, pero el COMPRADOR COMPRA—¡ESE es el hecho verdadero!

*El truco es hacer que el prospecto decida comprar y que entonces **confirme** su decisión respondiendo tu pregunta.*

MÁS ACERCA DEL CIERRE

Una vez que se hace una pregunta de cierre, debes esperar hasta que esa pregunta se responda antes de decir cualquier otra cosa. Hay una razón simple de esto: la pregunta de cierre establece una línea de pensamiento en la mente del prospecto— una línea analítica interna de comunicación. Esta es *LA* línea de comunicación que tú, el vendedor, querías crear desde un principio con tu comunicación de ventas: ¡la línea de comunicación del *comprador!*

La manera cómo responde el prospecto a tu pregunta de cierre será determinado por lo que sucede en esa línea interna. Allí es donde él considera la información acerca de tu oferta; donde sopesa los pros y los contras; donde evalúa cómo se siente acerca de ti y tu pregunta de cierre, y, lo más importante, decide acerca de comprar o no.

Al responder a la pregunta de cierre, su prospecto reitera ("...confirma el hecho...") que ha decidido comprar ("...que el comprador ha comprado"). *El hecho de que hables antes de que la información y la pregunta sea considerada, sopesada, evaluada y respondida es interrumpir o romper esa línea de comunicación de pensamiento.* Si hablas primero sacarás al prospecto de su línea clave para la toma de decisión y posiblemente de la venta de un todo, porque perturbas su línea de pensamiento.

¿Alguna vez has estado en una buena conversación solo para que alguien se entrometa e interrumpa tu comunicación?

Ahora sabes por qué no quieres ser el primero en hablar después que has hecho una pregunta de cierre.

La definición de una pregunta de cierre admite que se repita. La simplicidad de la oración no deja ver su extraordinario poder. ¡La definición de una pregunta de cierre es HERMOSA!

"Una pregunta de cierre es... cualquier pregunta cuya respuesta confirma el hecho que el comprador ha comprado".

Numerosos ejemplos de situaciones de cierre pueden elaborarse. Para ilustrar, aquí hay uno: Un vendedor está mostrando plumas estilográficas, y su prospecto, con atención e interés, pregunta, "¿Vienen en azul?"

El vendedor no entrenado en este método responde, "Vienen en muchos colores. Veamos qué tenemos". ¡Y procede a perder la venta!

¡RESPUESTA INCORRECTA! ¡Perdió la oportunidad de cerrar el trato!

¿POR QUÉ? ¡Porque pasó por alto y manejó mal un alcance válido! Debió reconocer al prospecto que estaba genuinamente alcanzando y, *de inmediato*, hacer una pregunta de cierre para entonces esperar por la respuesta del prospecto.

Aquí hay otro ejemplo (uno bueno): un vendedor está entrenado en este método. Él puede observar la oportunidad del cierre cuando escucha el alcance, "¿Vienen en azul?" Él pregunta, "¿Le *gustaría* uno en azul?" *Entonces espera en silencio por una respuesta a esa pregunta de cierre, hasta que se responda la pregunta.*

El prospecto ahora convertido en comprador considera la información y beneficios, y entonces (tarde o temprano) responde, "Sí, me gustaría". Sin retardo, el vendedor victorioso termina el trato por escrito, sin decir nada o solo unas pocas palabras. Él entonces le agradece a su cliente y le promete la entrega o hace la entrega en el acto.

¿Por qué funciona esto? Porque cuando un vendedor reconoce un alcance genuino y lo maneja correctamente—haciendo una pregunta de cierre que hace a sabiendas—esperará pacientemente por la respuesta que sabe sin ninguna duda que vendrá. Con la certeza acerca de la línea de comunicación interna establecida con el prospecto, la cual sabe que ha querido desde el principio, es entonces paciente al respecto. Él sabe que su pregunta conducirá, bien sea a una decisión de comprar o a una respuesta que puede usar para trabajar a su prospecto hacia otro alcance y otra oportunidad de cierre. La confirmación de la decisión del comprador, él sabe sin lugar a dudas, que vendrá con la respuesta del comprador, *si permite que suceda.*

¡Con este enfoque singular de ventas, ambos, el prospecto y el vendedor pueden experimentar una satisfacción mutua que surge de un acuerdo e intercambio real que se logra en conjunto!

Abordada con suavidad, ¡esta clase de venta es la esencia de vender como un arte!

Por qué no tomar un momento para volver a leer esa última oración. Reflexiona por un momento cómo esta lección o paso podría haber funcionado en alguna de sus experiencias y presentaciones de ventas; o cómo funcionó (sin saberlo) cuando logró cerrar buenas ventas.

Cuéntale a tu compañero y escucha sus historias también. Aprendan de cada uno. Ríete si tienes que hacerlo; llora si tienes ganas—¡vender con belleza (con arte) es una experiencia emocional!

NOTA: ¡La promesa de intercambiar y entregar ocurre DESPUÉS que el comprador compra y la venta esté confirmada y cerrada! Todo en una situación de ventas antes del cierre es arte y parte integrante del cierre de esa venta para hacer que suceda.

EJERCICIO DE ENTRENAMIENTO DE VENTAS 4:

Preguntas de cierre

Lo que se hace es lo siguiente:

Después de revisar la definición de una pregunta de cierre, escribe tantas preguntas de cierre de las que se puedas imaginar. Puedes usarlas para vender el artículo simple que has escogido para el próximo ejercicio.

Este ejercicio de entrenamiento se completa cuando estás satisfecho con el número y la calidad de las preguntas de cierre que has escrito; y cuando tienes certeza acerca de la definición y el concepto de una pregunta de cierre y cómo aplicarla.

JERCICIO DE ENTRENAMIENTO EJERCICIO 4A:

Oportunidades para preguntas de cierre

Lo que se hace es lo siguiente:

Haz que tu compañero actuando como el "prospecto", comience con un alcance verbal o físico inmediato hacia cualquier artículo en la sala *al que le señales*. Tú lo señalas primero y entonces él alcanza.

Tú como el vendedor debes INMEDIATAMENTE reconocer que el alcance es una oportunidad de cierre y *decir en voz alta*, "Esa es una oportunidad para una pregunta de cierre".

SUGERENCIA: Tu compañero puede aguantar su alcance en el acto. También puede alcanzar después de períodos de tiempo más largos y cortos, para intentar desconcertarte y hacer que, o bien tu pase por alto un alcance, te impacientes o declares una oportunidad de cierre antes de que exista una. Por supuesto, todo presentado en favor de mejorar la habilidad para detectar una oportunidad de cierre hasta que puedas hacerlo sin esfuerzo.

¡Ese es todo lo que es este ejercicio! ¡ES DIVERTIDO! Sé creativo con él. **Este ejercicio de entrenamiento se completa cuando** sientes que has incrementado tu reconocimiento sobre las situaciones y oportunidades de preguntas de cierre.

EJERCICIO DE ENTRENAMIENTO EJERCICIO 4B:

Pregunta y espera

Lo que se hace es lo siguiente:

Este ejercicio es similar al ejercicio de entrenamiento de ventas 4A, excepto que esta vez cuando veas la oportunidad para la pregunta de cierre, harás una pregunta de cierre de tu selección y entonces ESPERA *en silencio* por la respuesta a esa pregunta, hasta que obtengas una del estudiante. Una vez que llegue la respuesta, terminas el trato con una promesa de entrega o una entrega real.

Mantenlo simple, como de costumbre; se hace hincapié en el aumento de la capacidad y habilidad.

No hay resistencia de parte de tu compañero en el ejercicio de entrenamiento de ventas 4B. Él simplemente responde la pregunta afirmativamente, pero él o ella puede hacerlo inmediatamente o después de un retardo corto.

SUGERENCIA: La respuesta puede venir en cualquier momento y puede venir parcialmente disfrazada como parte de una respuesta más larga o un monólogo de tu compañero. Sin importar cuanto tiempo tome e independientemente de lo que el prospecto haga en el ínterin, se debe esperar paciente y cómodamente.

El ejercicio de entrenamiento se completa cuando sabes que puedes reconocer una oportunidad de cierre, hacer una pregunta de cierre, esperar *cómodamente* por la respuesta del prospecto, y poder reconocer cuando un prospecto ha respondido tu pregunta exacta.

EJERCICIO DE ENTRENAMIENTO

EJERCICIO 4C:

Como abordar cuando te evitan

Lo que se hace es lo siguiente:

Esto es similar al ejercicio 4B, excepto que el prospecto ahora *evitará responder a tu pregunta de varias maneras.* Podrá hacerlo de cualquier manera que quiera, *pero debe* responder a tu pregunta específica, eventualmente.

Esperas por la respuesta manteniendo la atención en tu prospecto en todo momento. Cuando llegue su respuesta, completas la venta con una promesa de entrega o una entrega inmediata.

NOTA: Como mi situación con el dueño de la taberna que me pidió que le clarificara sus opciones después que le había hecho la pregunta de cierre, tu "prospecto" puede hacer lo mismo. Manejarías esto y volverías a hacer la pregunta de cierre—la misma hecha anteriormente—y entonces esperas por la respuesta a esa pregunta.

SUGERENCIA: En este ejercicio el prospecto podría también necesitar que su atención e interés, inclusive su deseo, sean reavivados y puestos de vuelta bajo tu control.

Este ejercicio de entrenamiento se completa cuando puedes manejar cómodamente a un prospecto que trata de evitar responder una pregunta de cierre, mantener una buena comunicación de ventas con él, replantear la misma pregunta y esperar por la respuesta hasta que llegue...sin ponerse nervioso o molestarse. Cuando estés satisfecho de haber mejorado tus destrezas usadas para este ejercicio, sigue adelante con el siguiente.

***

¡Ahora estás listo para reunir todos los elementos básicos y ejercer tus nuevas destrezas con una presentación de ventas completa!

Vamos a ver qué es.

EJERCICIO DE ENTRENAMIENTO DE VENTAS 5:

Escenarios de la vida real

Todos los pasos aprendidos y practicado previamente con los ejercicios de entrenamiento de ventas se reúnen en este ejercicio. Aquí, el artículo "vendido" es uno que vendes en la vida real. Este ejercicio pone en juego cada destreza y paso de una presentación completa de ventas EXCLUYENDO la resistencia y distracciones. TAMBIÉN SE OMITE EL MANEJO DE OBJECIONES DE VENTAS. Este es un curso básico de entrenamiento de ventas de CÓMO VENDER. (Ve la nota al final de este capítulo). *

La resistencia y las distracciones se reservan para el próximo ejercicio de entrenamiento de ventas. En esta etapa del desarrollo, dependiendo del nivel de destreza que como vendedor hayas ya alcanzado al hacer los ejercicios de entrenamiento anteriores, y este, puede que sean significantes y difíciles. El cielo es el límite una vez que se conocen, comprenden y aplican los pasos básicos.

Recuerda, ¡una vez que estás volando a 35,000 pies y estás por tu cuenta, no queremos que te estrelles y te quemes!

El ejercicio de entrenamiento de ventas 5, entonces, trae por primera vez tus accesorios y escenarios sin ninguna resistencia ni distracciones añadidas. Ahora, por primera vez, te puedes casar con el más reciente enfoque de ventas aprendido con tus productos o servicios de la vida real.

Lo que se hace es lo siguiente:

Como el vendedor, usando los productos o la información del servicio real como se aplica a cada paso, trabajas para establecer atención, interés, deseo y una oportunidad de cierre del prospecto sin vacilaciones. También harás una pregunta de cierre y esperarás por una respuesta a esa pregunta.

El prospecto en todo momento mantiene en mente la meta primaria, la cual es que salgas victorioso, incrementando la certeza y habilidad para aplicar los conocimientos y destrezas, una y otra vez, hasta que puedas coordinar los cinco pasos juntos en una presentación de ventas sin tropiezos con un resultado positivo.

Con esta finalidad, tu compañero no hace que sea imposible venderle. A pesar de esto, el no deberá renunciar a ningún paso hasta que se sienta obligado a mirarte; a mirar donde tu dirijas su mirada; alcance lo que le estás ofreciendo, y/o responda las preguntas, especialmente tu pregunta de cierre.

Tu compañero trabaja *contigo* y te motiva a incrementar tu habilidad de confrontar y manejar cualesquiera dificultades que se presentan. Presentando diferentes situaciones, una a la vez— algunas rápidas, algunas lentas, algunas fáciles y algunas difíciles... todas con la finalidad de tu habilidad de ventas *mejorada* y una mejor demostración de ventas diestra de tus productos y servicios reales.

Incluida en este ejercicio está la necesidad de observar, tanto para ti como para tu estudiante, cuando las destrezas anteriores, como la atención o el interés hayan decaído o se hayan pasado por alto. Usando las destrezas aprendidas aquí y con la práctica de los ejercicios anteriores según se necesite, debes traer de vuelta cualquier paso en el que se vacile o se pierda.

Completar este ejercicio de entrenamiento puede requerir, de vez en cuando, reentrenarse en un ejercicio anterior para afinar la destreza. Esto se haría cuando un vendedor experimenta demasiada dificultad con una situación de ejercicio de entrenamiento de ventas 5 presentada por su compañero. Se debe emprender una simple comunicación entre compañeros para determinar qué reentrenamiento debe llevarse a cabo sobre algún ejercicio anterior, con el objetivo en mente de lograr una mejoría.

Después de que un reentrenamiento afine la destreza, regresa al ejercicio de entrenamiento de ventas 5 y trabaja hacia su terminación con tu compañero (adiestrador), quien se encarga de observar y ayudar con tu habilidad para poner en juego o reparar, cada factor de la presentación entera de ventas. Más que cualquier otro ejercicio, este es un esfuerzo de equipo, porque ahora estás operando con tus productos y situaciones de la vida real, ¡para ganar!

Recuerda, si en cualquier momento ocurre un avance mayor—quedas "sorprendido"—mientras haces este o cualquier otro de los ejercicios de entrenamiento, tómate un descanso corto y disfrútalo. O cambia los roles y entrena a tu compañero por un rato. Cuando estés listo, puedes continuar con más.

De cualquier manera, si ambos están aprendiendo y DIVIRTIÉNDOSE, ¡lo están haciendo bien!

Este entrenamiento se completa cuando sabes que puedes manejar sin tropiezos cualquier tipo de situación presentada o cuando has alcanzado un nuevo nivel de certeza de que puedes manejar una situación de ventas mejor que antes, *usando este enfoque y método de ventas* con tus objetos reales, producto y materiales de servicios.

Habiendo seguido cada página de este libro en el orden apropiado y habiendo completado todos los ejercicios hasta este punto, a tu entera satisfacción (Recuerda, siempre puedes hacerlos una y otra vez), ahora está listo para el examen final: ¡Ejercicio de entrenamiento de ventas 6!

NOTA: El manejo de objeciones más allá de este nivel de destrezas básicas asociadas se retoman en los próximos dos libros y cursos diseñados como *Escucha Más Vende Más Intermedio* y *Escucha Más Vende Más Avanzado*. Se establece como prerrequisito para entrenarse en esos próximos dos niveles la certificación *en el entrenamiento básico* de Escucha Más Vende Más.

EJERCICIO DE ENTRENAMIENTO DE VENTAS 6

¡En conclusión!

Este ejercicio de entrenamiento, el ejercicio final, se emite de la misma manera que el ejercicio de entrenamiento de ventas 5: usando los productos, bienes o servicios de la *VIDA REAL*. Solo tienes que hacer este ejercicio una vez. Las acciones son las mismas que las que hiciste en el ejercicio de entrenamiento de ventas 5. Los productos son reales; a pesar de eso, se agrega resistencia y distracciones plenas.

El ejercicio de entrenamiento de ventas 6 puede requerir un estudio de refrescamiento y rehacer ejercicios de entrenamiento de ventas anteriores.

Este ejercicio de entrenamiento se completa cuando has demostrado una certeza completa de haber incrementado tu conocimiento y habilidad para manejar cada paso y situación de la presentación de ventas, hasta que puedas cerrar una venta sin tropiezos. Debes saber sin ninguna duda que ahora puedes vender mejor y con mayor facilidad de como podías hacerlo antes. Debes tener certeza de que puedes controlar y ser responsable por una comunicación de ventas con múltiples tipos de prospectos; y saber que puedes controlar tu destino como vendedor aplicando lo que has aprendido y practicado aquí.

SUGERENCIA: **Puedes inclusive hacer *una venta real* con tu estudiante a través de este ejercicio, ¡ganándote una comisión real!**

Una vez más, esos ejercicios pueden repetirse con tanta frecuencia como tú lo desees. Mediante la ejercitación y práctica puedes mejorar y aprender a vender mejor y con más facilidad que como podías hacerlo en cualquier momento dado.

Alcanzar una certeza cada vez mayor y una habilidad más predecible para vender y cerrar ventas consistentemente al nivel del arte, es una serie de metas que vale la pena lograr, las cuales pueden medirse con facilidad con los resultados de tu actividad de ventas y las estadísticas de ventas de la vida real en tu campo de actividad.

¿Puedes iniciar, mantener y cerrar cualquier presentación de ventas de tus productos o servicios de tu vida real con mayor facilidad y más artísticamente que antes de haber comenzado aquí? Si dijiste "¡SÍ!" ...

¡FELICITACIONES!

LA ÚLTIMA PALABRA

Los elementos básicos esenciales para vender mejor, con mayor facilidad y artísticamente, son ahora tuyos para siempre. Aplícalos a tus ventas y observa qué sucede. 'Escucha Más, Vende Más'— ¡ese es tu lema!

Un día, tomarás a un prospecto a través de todo el proceso de las ventas y él le agradecerá por la experiencia. Cuando esto suceda, ¡habrá descubierto el placer real de las ventas que son un arte en si mismas!

Las ventas serán más fáciles ahora y más divertidas. El conocimiento y diestra aplicación de estas herramientas traerán no solo cierres de ventas más fáciles, sino también la deleitable e indescriptible satisfacción de vender competentemente.

Puede que no sean escasos los puntos de vista y opiniones acerca de las técnicas y métodos de entrenamiento para las ventas, pero solo hay unos pocos básicos correctos que *realmente* tienes que saber y tienes que ser capaz de aplicar para vender bien. Ahora que los conoces, aplícalos; y siempre estarás en el asiento del conductor de tu vehículo de ventas.

Los antiguos clientes y prospectos "potenciales" apreciarán tu nuevo profesionalismo, y serán muchos tus admiradores en tele mercadeo. Vende con arte, ¡y te agradecerán por la venta con un apretón de mano mientras te pasan a sus referidos!

***

Más allá de las destrezas básicas, que ahora has adquirido, están las acciones especializadas que querrás aprender para manejar a prospectos "en vivo y directo" en el campo. No todos los prospectos deciden comprar lo que estás vendiendo. No todos pueden decidir con facilidad; algunos objetan a que se les venda (aun cuando necesitan y quieren los bienes o servicios ofrecidos), pero hay acciones que puedes aprender para ayudarte a sobreponerte a sus objeciones y ayudarles a decidir comprar. Estos son el dominio de los próximos dos libros y niveles de entrenamiento *Escucha Más Vende Más*. Ahora que te has calificado con tu entrenamiento Básico, estás pre-calificado para el entrenamiento *Escucha Más Vende Más* Intermedio. *¡Escribe y dinos si quieres tu nombre en la lista de espera entre los primeros en obtener el nuevo libro y curso cuando sea liberado!*

Te animo a que envíes tu solicitud, preguntas y anécdotas. Comparte tus ganancias. Tu éxito es importante para mí. Me gustaría leer *tu* historia.

ACERCA DEL AUTOR

Ronald Joseph Kule nació en Bogotá, Colombia, y posteriormente asistió a la Universidad de Oakland en Rochester, Michigan. Creó una exitosa carrera de 39 años de ventas y entrenamiento de ventas, y viajó por 35 países, entregando seminarios en 17 de ellos.

Después de un recorrido de prueba en las ventas a los 11 años, tomó las ventas a tiempo completo a la edad de 23 años en Los Ángeles. Nunca antes había vendido profesionalmente. Su entrenamiento era: "Memorízate este guion. ¡Comienza!"

Al vender de puerta en puerta, les pidió a los propietarios que compraran libros con cupones de descuentos que les ahorrarían dinero en la tintorería. Su pago era una comisión directa: ninguna venta significaba ningún ingreso. Los libros se vendían por unos pocos dólares y el cliente recibía unos $20 en cupones de descuentos. Un vendedor se ganaba una comisión de un dólar por cada libro.

Él vendió tres libros el primer día. El siguiente día vendió más y entonces más después de eso. De hecho, en pocas semanas había vendido suficiente para ser promovido a "gerente de ventas," lo que significaba que recibía un carro de la compañía; territorios en los que podía colocar a sus vendedores; el derecho a construir un equipo, y una comisión de 25 centavos por cada libro vendido por sus miembros del equipo.

Después de unas pocas semanas, el equipo de ocho dirigido por Kule se convirtió en 22 vendedores y fue el #1 en la compañía. Permanecieron allí consistentemente por meses. Su ingreso se disparó de prácticamente nada a muy por encima de $800 semanales. Para 1970, eso era buen dinero.

Para 1974, no siendo más un reto, se movió a un nuevo emprendimiento: ayudaría a un amigo a construir una empresa promocional para restaurantes que ayudaría a los propietarios de restaurantes atraer clientes. El emprendimiento comenzó con una pequeña oficina, una secretaria, una línea telefónica y un contrato escrito para inscribir a los prospectos en el servicio. Había pasado de venderle a propietarios de casas a venderle a operadores de negocios.

En poco tiempo, la compañía tenía docenas de clientes de restaurantes—la mayoría firmados por Kule. Mientras la compañía se ramificaba hacia otros servicios y hacía ingreso de otras fuentes, tomó el cargo de los vendedores que inscribirían a los propietarios de restaurantes en múltiples ciudades. Personalmente firmó a más de 200 propietarios de restaurantes en 60 ciudades en poco más de 90 días, cumpliendo con cada cuota de producción y de tiempo.

Cuando la compañía fue traspasada a otras personas, él continuó con la venta de filetes de carne frescos al personal de las oficinas en su trabajo. Se presentó al dueño de la compañía y le prometió que sería su vendedor #1 en unas pocas semanas. Cuando comenzó, la compañía vendía acerca de $18,000 en producto semanal. En pocas semanas, $35,000 salían por la puerta semanalmente, y estaba entre los primeros tres vendedores.

El propietario le pidió a Kule que abriera una oficina satélite en un nuevo territorio – la primera en la historia de la compañía. La oficina prosperó bajo su entrenamiento y gerencia de ventas. Allí también introdujo a su equipo de ventas a un nuevo enfoque de ventas que desarrolló (el cual se enseña en este libro).

Otra vez, al no sentir el reto, lo notificó y se estaba moviendo otra vez. Entró a las ventas en los hogares, vendiendo sistemas de agua caliente solares a propietarios con previa cita.

Las ventas a domicilio se consideran en muchos sectores el formato más difícil, porque un vendedor debe cerrar la venta la primera noche o perder toda esperanza por la venta. Esperar por una decisión posterior significa no hacer la venta en un 99 por ciento de las veces.

El vendedor a domicilio tiene que hacer una presentación tan contundente que el propietario decida comprar en el acto. Kule nuevamente alcanzó a los primeros tres vendedores en la nueva firma—un comienzo de rápida expansión que facturó muy por encima de los $40 millones en los primeros dos años.

Desafortunadamente, la industria solar se derrumbó en el año siguiente y Kule se vio obligado a cambiar otra vez. En este ínterin, emprendió entrenamiento profesional en la actuación, el dibujo, la pintura y la escritura.

A principios de 1980 fue una época de crecimiento para la industria de alimentos naturales, y Kule fue contratado para representar un nuevo suplemento natural. Sobre la base de los diseños que él encuestó y desarrolló para el nuevo empaque de los productos, el producto entró al mercado de los alimentos naturales con $33,000 en ventas los primeros dos días en el puesto de una feria comercial que él supervisó. Antes de eso, el total de ventas anuales de la compañía era menor.

Armado con su nuevo conocimiento de la industria de los alimentos naturales, habiéndole dado a la nueva línea de productos un impulso saludable, tomó un bono grande y se mudó a Ohio. Allí comenzó su propia compañía de distribución de alimentos naturales e introdujo nueve líneas de productos a los propietarios de tiendas de salud en un área tri-estatal. Para varias de sus líneas, sus ventas colocaron productos en territorios de mercados enteramente nuevos. Entonces vendió su compañía y retornó al cálido y soleado Los Ángeles.

En la costa Oeste, Kule fue invitado por un grupo sin fines de lucro a diseñar y entregar un seminario de cinco días, un seminario de mercadeo de cinco horas al día a 54 gerentes de fábricas de papel en Baoding, China, el cual entregó exitosamente con la ayuda de un asistente australiano. El Ministro de la Industria Ligera declaró valioso y exitoso el seminario, y Kule regresó a Los Ángeles. Al año siguiente, invitado por otro grupo sin fines de lucro para entregar un seminario de mercadeo a editores en Moscú, Rusia, entregó un evento de dos días que ayudó a su equipo a cerrar un importante contrato de libros.

A su regreso en 1988, condujo eventos sin fines de lucro, de recaudación a través de América y, posteriormente, en una gira en Europa. Al año siguiente, se estableció en Florida con una nueva compañía promocional para restaurantes inspirado en la primera. Después de dos años de crecimiento, vendió esa compañía y tomó una posición de ventas con la organización de un amigo generando alrededor de $600,000 en ventas de licencias anuales de campañas de mercadeo que consistían en música, anuncios impresos en prensa y comerciales de radio. Especializándose en clientes de servicios financieros y de salud (presidentes de bancos, ejecutivos de sindicatos de crédito y administradores de hospitales), Kule fue el vendedor #1 internacionalmente por 18 años seguidos, dirigiendo una expansión de 15X en ventas.

*P*ara el 2009, Kule había perfeccionado aún más su método de ventas y entrenamiento de ventas, entrenando a decenas de vendedores en su método. Les gustaba lo que habían aprendido y escribieron testimonios de éxito acerca del entrenamiento. Entonces creó y entregó talleres de entrenamiento a grupos corporativos a quienes les gustaba su entrenamiento y expandió sus resultados de ventas significativamente.

Desde 2011 hasta 2013, publicó una nueva edición de su libro de entrenamiento de ventas en cuatro idiomas y fue el coautor y editor de ocho libros. Él permanece disponible para brindar sus talleres de entrenamiento de ventas bajo previa petición solamente.

El sello del éxito de ventas de Kule es, en sus propias palabras, "suficiente cuidado y atención por mi cliente potencial para así lograr el cierre; sólo vender productos en los que creo; siempre venderle al prospecto que está frente a mí; identificando aquellas simplicidades que siempre funcionan y entonces hacerlas una y otra y otra vez".

Acerca del éxito de entrenamiento de ventas él agrega, "mi mayor recompensa viene de escuchar cómo otros a quienes he entrenado salieron y vendieron algo con facilidad y con más certeza de lo que previamente creyeron posible. Cuando logran vender mejor que yo, me siento aún más orgulloso de ellos".

—Los Editores

OTROS LIBROS

POR EL AUTOR

Novela de libro electrónico por Ronald Joseph Kule, *Ruined by Murder Addicted to Love (Arruinada por Asesinato Adictos al Amor)* publicado en abril 2014.

CHEF TELL, The Biography of America's Pioneer TV Showman Chef (La Biografía del Chef Emprendedor Pionero de América), prólogo por el presentador de TV ganador del Emmy Regis Philbin y Chef Walter Staib (PBS' *A Taste of History-Un Bocado de Historia)*, programado para su publicación el 1ro de octubre de 2013. (Skyhorse Publishing, NYC) **http://amzn.to/15MSoAV**

Carolina Baseball: Pressure Makes Diamonds (La Presión Crea Diamantes) publicado en Noviembre de 2011 y su edición en libro electrónico, *Pressure Makes Diamonds a Timeless Tale of America's Greatest Pastime (La Presión Crea Diamantes, un Relato Clásico del Más Grande Pasatiempo de América)*, en coautoría con el periodista deportivo J. David Miller, prólogo por el entrenador de baseball del año de la NCAA, Ray Tanner. El libro electrónico está disponible en Amazon.com.

Kule también escribió el libro electrónico, *Carolina Baseball 2012 Poetic Justice (Carolina Baseball 2012 Justicia Poética),* disponible en smashwords.com.

Artists for a Better World (Los Artistas por un Mundo Mejor) publicaron la historia corta de Kule, *ThunderCloud and the Old Man* (La Nube de Trueno y el Viejo), en *Better World Stories*, 2008.

Los créditos poéticos de Kule incluyen entradas en *Bamboo Souls* (Almas de Bambú) (2005) y *Spirit of Humanity* (Espíritu de Humanidad) (2008) por Artists for a Better World International (Artistas por un Mundo Mejor Internacional); y *The Little Book of Cleveland Street Poetry* (El Pequeño Libro de Poesía Callejera de Cleveland), Volumen II (2009) por Artists in Action International (Artistas en Acción Internacional).

Dos libros electrónicos, *Romance & Sensuality (Romance y Sensualidad), Volumen uno...y Jazz Poetry (Poesía de Jazz), Volumen Dos... en una serie de colecciones de poesía que se conocen como Haikulisms* fueron auto publicadas por Kule en Amazon.com.

Una novela nueva de Kule, *Thundercloud* (Nube de Tormenta), (YA) está disponible ahora. Otro, *Aleria,* (ciencia ficción), está en progreso.

Los próximos libros incluyen *Cassano ~ Networking Millionaire* (Cassano ~ Millonario de

Networking); y *¡FRAPAR! ~ The Life and Illustrations of Francois Parmentier, One of France's Renowned Satirical Cartoonists (La Vida e Ilustraciones de Francois Parmentier, uno de los Caricaturistas Satíricos Renombrados de Francia)*.

Ronald Joseph Kule reside en Clearwater, Florida con su esposa, Sherry Kule, una diseñadora de joyas.

* * *

Conéctate con el autor:

https://BetterEasierSellingTechnology.com

https://www.facebook.com/Ronald.Joseph.Kule

http://amzn.to/15Nkl0f

independentauthornetwork.com/ronald-joseph-kule.html

* * *

Para adquirir ejemplares de este volumen del libro contacta:

KuleBooks LLC

611 South Fort Harrison Avenue #322

Clearwater, Florida 33756-5301

U.S.A.

www.ingramcontent.com/pod-product-compliance
Lightning Source LLC
Chambersburg PA
CBHW072012090426
42740CB00011B/2157